こんなモノまで！

領収書をストンと経費で落とす抜け道

Omura Ojiro
大村大次郎
（元国税調査官）

宝島社

はじめに

本書は、中小企業、個人事業者のための領収書、経費の入門書です。

領収書や経費というのは、なかなかわかりづらい上に、「本音の情報」がなかなか出回りません。

領収書、経費というのは、企業の利益や税金に直接関係するものであり、きれいごとでは済まない部分も多々あります。が、巷の情報のほとんどは「きれいごと」ばかりです。なので、本書では、きれいごとを極力排除し、だいたいどこまで許されるのか？ ということを可能な限り具体的に書いております。

税金というのは、シロか黒かはっきりしない「グレーゾーン」が非常に多いものです。たとえば、企業の「福利厚生費」として認められる範囲というのは、「社会通念上、許容される範囲」ということになっています。しかも、この「社会通念上、許容される範囲」というのは、時代とともに変わっていくものでもあります。

そのため、福利厚生費について、明確に白黒を定める基準はないのです。

そういうグレーゾーンについて、どういうふうな考え方をすればいいかというようなことも、重点的に記載しております。

また本書は２０１８年に発刊された『ズバリ回答！　どんな領収書も経費で落とせる！』（宝島社・２０１８年）の第二弾です。

『ズバリ回答！　どんな領収書も経費で落とせる！』はおかげさまでご好評をいただき、今も版を重ねております。この『ズバリ回答！　どんな領収書も経費で落とせる！』をよりグレードアップし、具体例を交えて実践的にしたのが本書ということになります。

本書だけを読んでも完結するようにはしていますが、『ズバリ回答！　どんな領収書も経費で落とせる！』を読めばより広範囲な知識が身につくと思われます。もし、本書を読んで、役に立つと思われた方は、前著である『ズバリ回答！　どんな領収書も経費で落とせる！』も手に取ってみてください。

２０１９年11月

著者

目次

こんなモノまで！
領収書をストンと経費で落とす抜け道

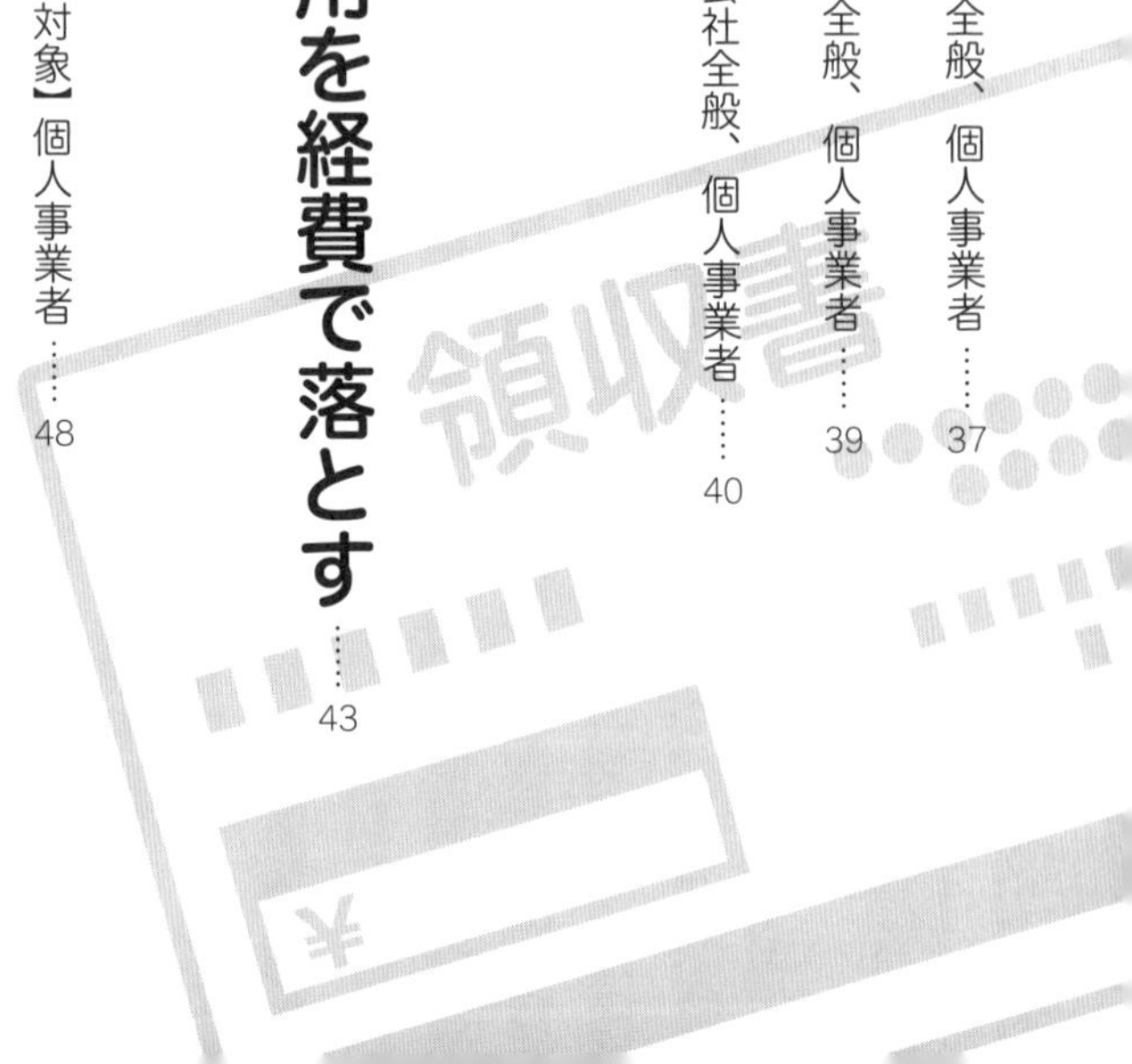
領収書
¥

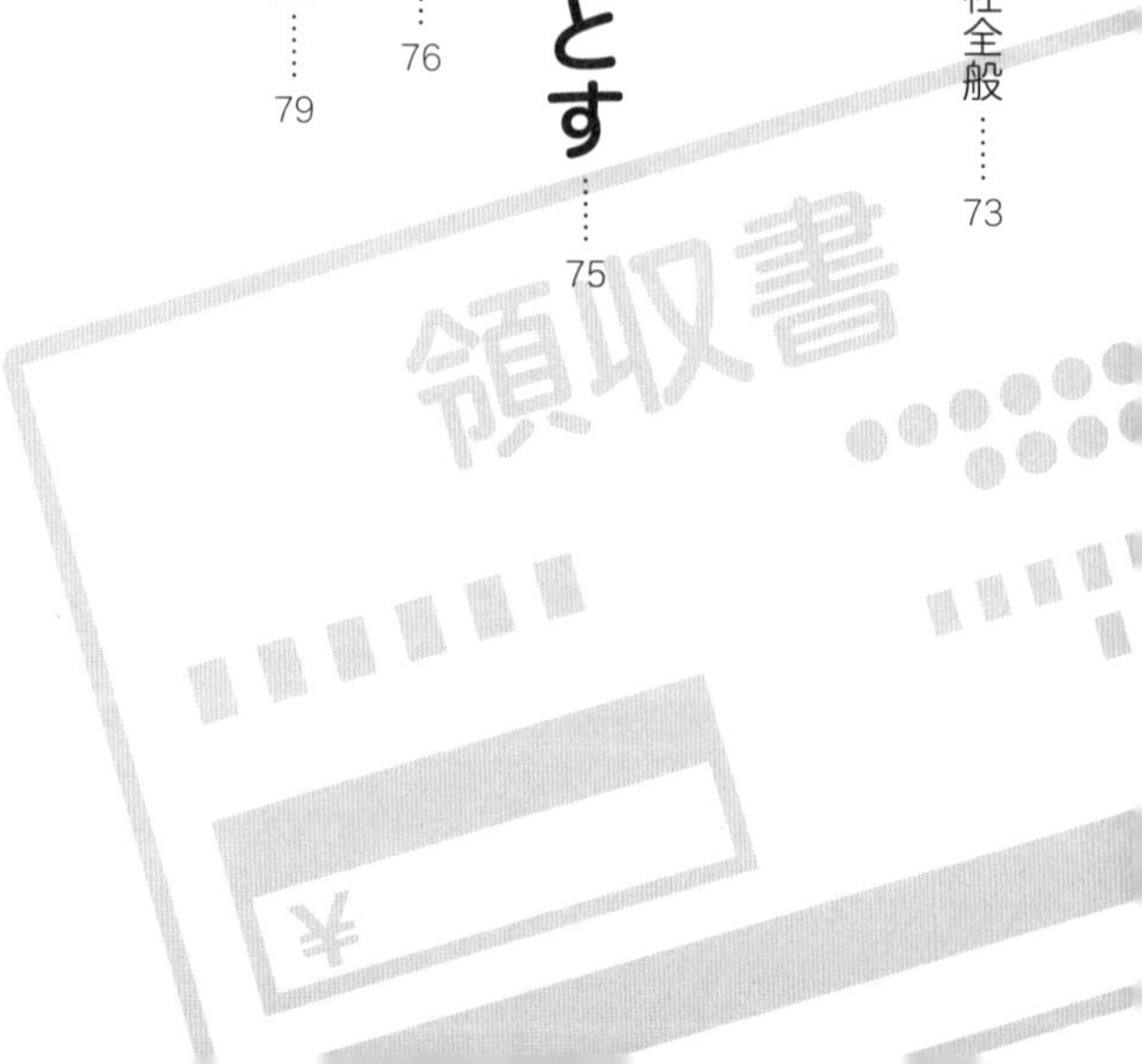
領収書
¥

第4章　知らないと損する節税アイテム……99

第5章 中小企業こそ「開発費」「宣伝費」を使いこなそう……135

第6章　期末にできる節税対策……157

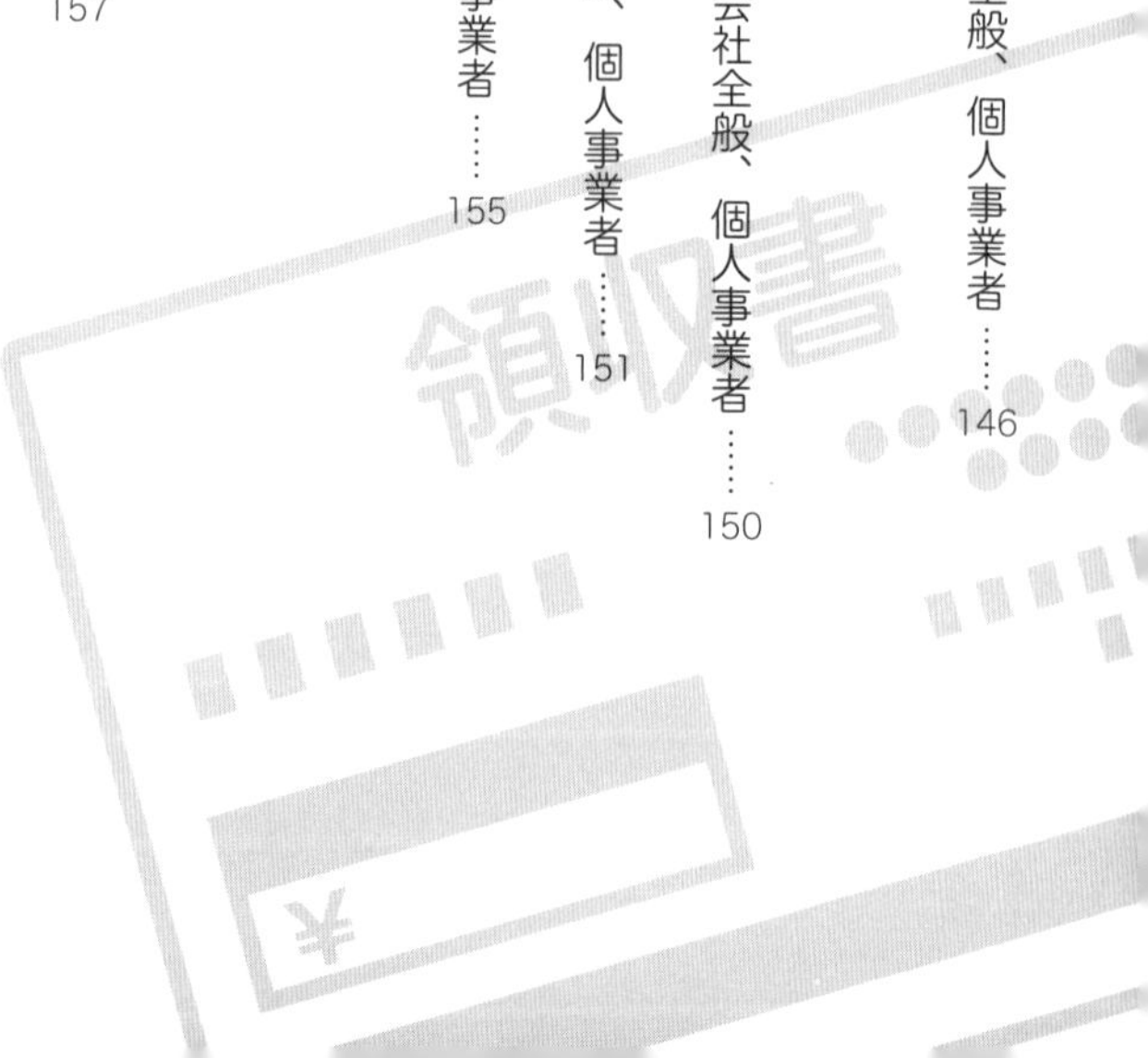

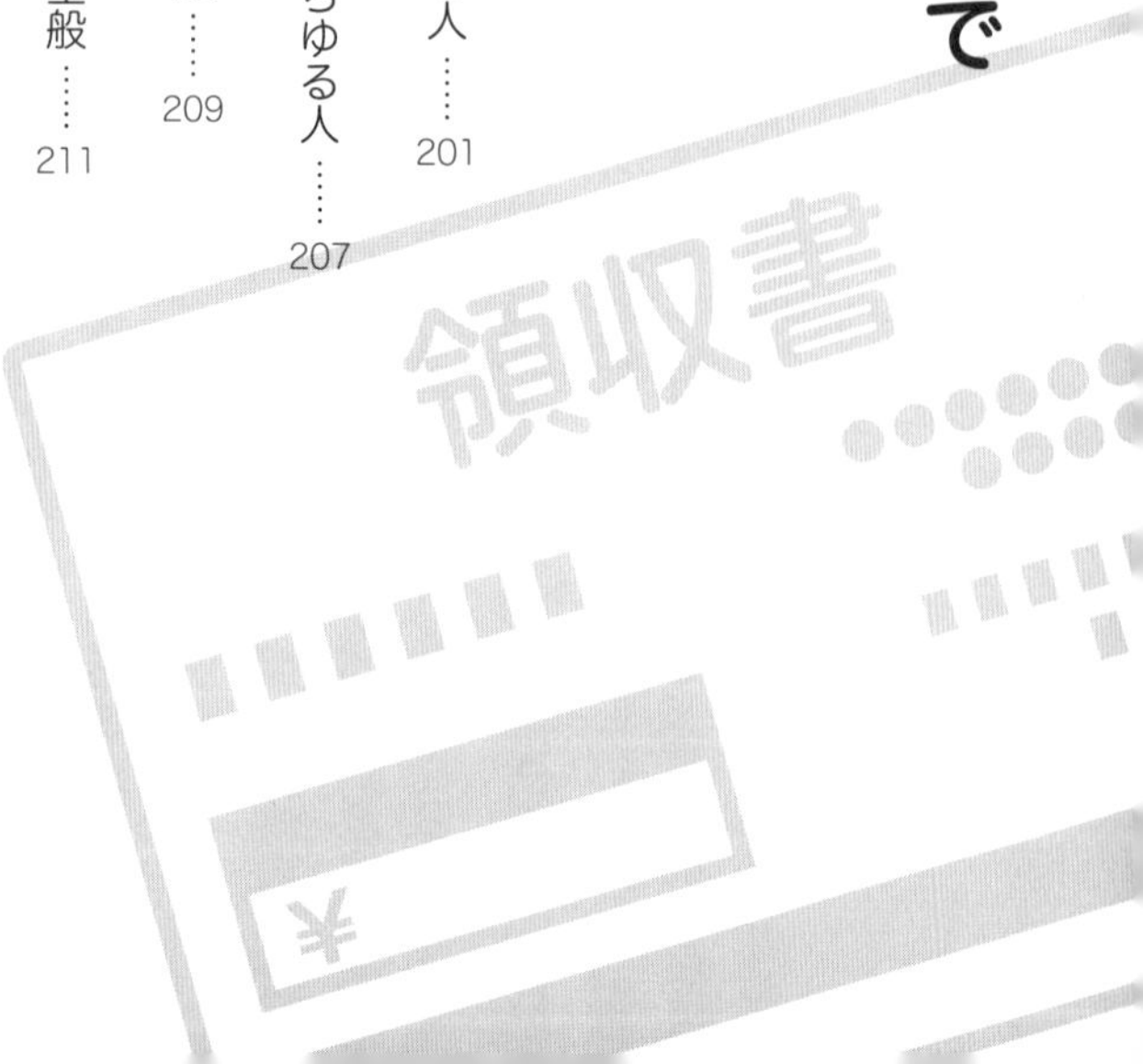

領収書
¥

第1章

食事代を
経費で落とす

ファミレスで打ち合わせをしながら朝食をとりました

【対象】会社全般　個人事業者

Q わが社ではよく仕事の打ち合わせをかねてファミリーレストランで朝食をとることがあります。このファミレスの食事代は、経費で落ちますか?

A 落ちます。仕事の打ち合わせをしていたという事実があれば、「会議費」として計上することができます。

Q 会議費とは何ですか?

A 会議費というのは、会社の会議のためにかかった費用すべてのことです。

場所代や会議資料の作成費、機材の使用費などのほかに、会議で飲食をしたような場合は、飲食費も含まれます。朝食や昼食をかねて会議をするというのは、世界のビジネスシーンではよくあることなので、これも会議費に含めることができます。

アルコール飲食付きの会議をしました

【対　象】
会社全般
個人事業者

Q では会議でアルコール飲食をしたような場合も経費に計上できますか？

A 会議費では、食事だけじゃなく、若干のアルコールをつけることも可能なのです。目安としてだいたい一人3千円とされています（明確な基準はありません）。

Q 会議費として計上するための場所の条件などはありますか？

A 会議費を経費とするには、「会議をするのにふさわしい場所」ということになっているので、居酒屋などではまずいでしょう。また会議という建前を取らなくてはならないので、会議が行われたという証拠も残さなければなりません。

昼食でコンビニ弁当を食べました

【対　象】

会社全般

Q 私は会社を経営しています。従業員は私一人しかいません。
昼食でよくコンビニの弁当を買って食べます。
このコンビニ弁当は会社の経費で落とせますか？

A 落とせますが、少し面倒な手順があります。

会社は福利厚生費として、昼食代は月３５００円まで出すことができます。ただし福利厚生費として支出するには、次の二つの条件をクリアしていなければなりません。

・一回の昼食代の半分以上は従業員が払うこと（会社の支給額は半分まで）
・外食ではなく必ず会社を通じて仕出しなどを取ること

そのため、お尋ねのケースでは、コンビニ弁当なので、仕出しと同様に見ることができ、弁当代の半分を自分で払えば、残りは会社が福利厚生費から支給することができます。

Q もし3500円を超えれば経費として計上できないのですか？

A 会社の経費としては計上できます。

しかし、月3500円を超えた場合、もしくは一回の昼食代の半分以上を会社が出した場合、その超えた部分は、その従業員の給料（報酬）という扱いになります。会社役員の場合は、報酬という扱いになります。

役員報酬には、毎月同額の原則がありますので、一旦仮払いにしておいて、報酬支払時に差し引くという形を取った方がいいでしょう。

従業員に昼食を提供しています

【対　象】
会社全般

Q わが社では従業員の昼食を出しています。
この昼食代は、会社の経費で落とすことができますか？

A できます。

前項でも述べましたように、昼食の場合、月3500円までは福利厚生費として支出することができます（18ページ参照）。

もしこの福利厚生費の条件を超えて昼食を提供した場合は、会社の経費にすることができますが、超えた分の金額は従業員に対する給料という扱いになります。

従業員の給料は毎月増減しても別に構いませんので、給料から差し引く必要はありません。ただし、従業員の給料には従業員個人の所得税、住民税、社会保険料等がかかります。

福利厚生費とは？

【対　象】
会社全般

Q 福利厚生費とは何ですか？

A 福利厚生費というのは、社員の福利厚生のための費用です。

簡単にいえば、一定の条件をクリアしていれば、社員（役員を含む）の生活や健康福祉に関する費用を出すことができるのです。

この福利厚生費は、かなり広い範囲で認められています。社員（役員を含む）の住居に関するもの、食事に関するもの、健康増進に関するもの、レジャーに関するものなども、福利厚生費として支出することができるのです。

たとえばスポーツジムの会費、コンサート、スポーツ観戦などの費用も、福利厚生費から出すことができます。

さらに、ディズニーランドやクルージングなどのレジャーも、福利厚生費から出すことができるのです。

Q 福利厚生費はどこまで認められているのですか？

A 実は、福利厚生費の範囲というのは、厳密な線引きはないのです。

福利厚生などというものは、時代とともに変わるものなので、厳密な線引きはなかなかできないのです。

たとえば社員旅行は、以前は国税の取り扱いでは、「国内旅行しか認めない」という方針を採っていました。しかし、現在では、現地泊が4泊5日までなら海外旅行も認めるという方針になっています。

このように福利厚生費というのは、明確な範囲が決められているわけではないので、会社や社会の判断に委ねられている部分が大きいのです。

ただ、税務というのは、「社会通念」ということが重んじられます。明確な線引きがない代わりに、社会通念（社会常識）に照らし合わせて、それが妥当かどうかを判断するのです。

Q 福利厚生費が認められるガイドラインみたいなものはありますか？

A 福利厚生の基本的な考え方をご説明すると、だいたい次の三つになります。

・社会通念上、福利厚生として妥当なものであること
・経済的利益が著しく高くないものであること
・一部の社員のみが享受できるものではなく、社員全体が享受できるものであること

この三つの条件にマッチしていれば、だいたい福利厚生費として認められるというわけです。

この一項目にある「社会通念上」というのが、なかなか難しいものなのです。いろいろな解釈ができますからね。ただ原則的には、福利厚生費の取り扱いというのは、それほど厳しくない、非常識な経理処理をしていない限りは認められると考えておけばいいでしょう。

福利厚生費と交際費はどう違う？

【対　象】

会社全般

Q 社員を飲みに連れていくような場合、福利厚生費にできるケースと、接待交際費になるケースがあるそうですが、福利厚生費か接待交際費かで税務上どう違うのですか？

A 福利厚生費は全額を経費で落とせます。

しかし接待交際費には、資本金1億円以下の中小企業は800万円の枠があり、資本金1億円超の大企業はこの枠がありません。大企業の交際費は、実際にかかった金額の半額しか税務上の経費（損金経理）にできません。

中小企業の場合、800万円の定額控除限度額を選択するか、大企業のように飲食のための支出を50％を経費にすることを選択するか、の二つを選べます。

800万円の定額控除限度額を選択した場合は、800万円までは全額損金にできます。ただし、800万円を超える部分は全額損金になりません。

そのため、接待交際費よりも福利厚生費として計上する方が税務上は有利ということになります。

福利厚生費と給料はどう違う？

【対　象】
会社全般

Q 社員に経済的恩恵を与えた場合、福利厚生費になるケースと、福利厚生費にはならず、社員の給料扱いになるケースがあるそうですが、福利厚生費と給料では税務上、何か違いがあるのでしょうか？

A 福利厚生費に計上するのと、社員の給料扱いになるのとでは、大きく違います。

福利厚生費として計上できれば単なる会社の経費となりますが、社員の給料となれば、社員には税金と社会保険料がかかり、会社の方も社会保険料がかかります。

たとえば、夜食代を年間30万円分、会社が社員に出していたとします。これを福利厚生費で処理したならば、税務上は会社が30万円を支出したというだけで済みます。

しかし、この30万円が社員の給料として処理された場合は、この30万円に対して社員の所得税、住民税が課せられます。社会保険料も課せられます。

福利厚生を定めた就業規則とは？

【対　象】
会社全般

Q 福利厚生費を計上する場合、福利厚生の内容をあらかじめ定めておかなくていいのですか？

A 福利厚生費を計上する場合、福利厚生の内容をあらかじめ定めておく義務はありません。

しかし、福利厚生費は経営者の私的支出という疑念をもたれやすいですし、福利厚生は従業員に明示することが原則ですので、あらかじめ規則をつくっておいた方がいろんな面でスムーズになります。

福利厚生を定める規則として、就業規則というものがあります。

就業規則というのは、給料、休日、労働内容などの労働条件や、従業員が受けられる福利厚生の内容を記した書類のことです。

常時10人以上雇用している会社、事業者はこれを作成し労働基準監督署へ提出することが義務付けられています。従業員が10人以下の中小企業でもつくってはならない、ということはありません。

この就業規則の中に、福利厚生の内容を織り込んでおくのです。たとえば、就業規則の中に「社員はスポーツジムを利用できる」などということを記しておくのです。

個人事業者が従業員に昼食を出しました

【対　象】
個人事業者

Q 個人事業者の場合でも、従業員に昼食を提供したとき、会社の場合と同じような経理処理（20ページ参照）ができますか？

A できます。

個人事業者の場合は、事業者本人や家族に対しては、福利厚生費の支出を税務署は認めていませんが、ほかの従業員に対する福利厚生費は認めています。

そのため月3500円までは福利厚生費から支出できますし、それを超えた場合は、従業員の給料という扱いにして、経費計上することができます。

ウーバーイーツで夜食の出前を頼みました

【対　象】会社全般

Q 仕事が遅くなったために、会社から出前を頼みました。この出前の料金は会社の経費で落とすことができますか？

A できます。

残業などで勤務中に夜食をとったような場合、その食事代は会社の経費（福利厚生費）で落とすことができます。

ただし、福利厚生費に計上する場合は、会社から出前や仕出しを取るか、会社が自前で支給しなくてはなりません。

社員が自分で外食してきて、会社がお金だけを出した場合は、福利厚生費として支出することはできず、その社員の給料という扱いになります。ただ夜食の場合、一回につき300円までならば、現金支給ができます。

Q 夜食を福利厚生費として支出する場合、一部の社員だけを対象にしていてもいいのですか？ 残業をする社員は一部しかいないのです。

A 残業をした社員がみなこの制度を利用できる状態になっていれば、それが一部の社員であっても大丈夫です。

残業をしても夜食が支給される社員と支給されない社員がいるような場合は、福利厚生費として計上することができず、その社員への給料という扱いになります。

Q その夜食はウーバーイーツで頼んでも福利厚生費で大丈夫ですか？

A 大丈夫です。

ウーバーイーツであっても出前館であっても、会社が出前を頼んだものであれば福利厚生費として計上できます。ただし注文は会社を通じて行わなければなりません。

「社外の人との5千円以下の飲食は交際費にしなくていい」とは？

【対象】
会社全般

Q 税法の本などには、「社外の人との5千円以下飲食は交際費にしなくていい」と書いてありますが、これはどういう意味なのですか？

A これは、社外の人との一人あたり5千円以下の飲食費については交際費から除かれ、その全部が損金算入できるのです。普通の交際費の場合は、資本金1億円以下の中小企業には800万円という枠があり、1億円超の大企業の交際費は、半額しか損金経理ができません。

しかし、一人あたり5千円以下の飲食費ならば、この交際費の枠としては考えずに、普通に経費として損金経理できるということです。

また一人一人が5千円以内に収める必要はなく、一人の平均単価が5千円以内に収まればOKということです。なので、一人5千円以上かかりそうな場合は、あまり飲み食いしない人を何人か連れていけば、解決できるでしょう。

ただしこの方法を使うには、次の内容を記載した書類を保存しておかなければなりません。

❶その飲食等のあった年月日
❷その飲食等に参加した得意先、仕入先その他事業に関係のある者等の氏名又は名称及びその関係
❸その飲食に参加した者の数
❹その費用の金額並びにその飲食店、料理店等の名称及びその所在地
❺その他参考となるべき事項

Q　一人あたり5千円以下というのは、消費税を含めての金額でしょうか？

A　一人あたり5千円というのは、消費税抜きの金額です。だから消費税を含めた場合は、一人あたり5千5百円まで大丈夫ということになります。

Q 一人あたり5千円を少し超えた場合、超えた分は自腹で払えばこのルールは適用されますか？

A されません。

一人あたり5千円を1円でも超えれば、全額がこのルールの適用外になってしまいます。たとえば一人あたり5千3百円だった場合、5千円分は会社の経費で落とし、残り3百円ずつを自腹を切る、などということは不可なのです。

Q 社内の人だけで飲食する場合、この5千円ルールは適用されますか？

A されません。

社内の人間同士だけの飲み会はダメです。この方法は、あくまで社外の人を接待した場合に限られるのです。

そのため、社内の人間同士で飲む場合は、前項の会議費（16ページ参照）などを使うべきでしょう。

取引に直接関係のない人と飲食をしました

【対　象】
会社全般
個人事業者

Q 先日、友人と飲食をしました。この友人は、仕事上の直接の取引はありません。これは接待交際費で計上できますでしょうか？

A 直接取引をしていなくても、少しでも仕事に関係のある情報を持っている人、少しでも仕事に役に立つ可能性がある場合は、接待交際費として計上することができます。

Q では、友人が仕事に関連する情報をくれたり、相談などができれば交際費に計上できるということですか？

A そういうことです。

友人と高級ホテルでの食事

【対　象】
会社全般
個人事業者

Q 高級ホテルで友人と食事をしました。友人とは仕事上の直接の関係はありませんが、仕事の相談をすることや、仕事上の有益な情報をくれることはあります。この食事代は経費で落とすことができますか？

A できます。基本的には交際費ということになります。
もし一人あたりにかかった食事代が5千円以内であれば、交際費の枠を使わず飲食費の5千円以内の特例を使うことができます。詳細は32ページを参照してください。

Q それは朝食でもランチでもディナーでも同様ですか？

A 同様です。

社員と高級ホテルで食事をしました

【対　象】
会社全般
個人事業者

Q **社員と高級ホテルで食事をしました。慰労をかねています。これは会社の経費で落とすことができますか？**

A できます。これも基本的には交際費ということになります。

またその食事において、仕事の打ち合わせなどをした場合は、会議費として計上することもできます。会議費については16ページを参照してください。

Q **社員全員を参加させての慰労会の場合は、どういう経費になりますか？**

A その慰労会が日常的ではなく特別なものであれば、福利厚生費として計上しても差し支えありません。

Q 仕事の都合で全員は参加できなかったのですが、その場合は福利厚生費として計上できますか？

A 必ずしも全員が参加する必要はありません。基本的に全員参加ということになっていて仕事の都合や自分の都合で参加ができない人がいる場合も、福利厚生費として計上できます。

福利厚生費にできないのは、最初から特定の社員しか参加できないような催しです。

Q だいたいどの程度の社員が参加していれば、福利厚生費として計上できますか？ 半分以下でも大丈夫ですか？

A どの程度参加していればOKという明確な基準はありません。しかし、社会通念上、半分程度は参加していないとまずいでしょう。また最初から一部の社員しか参加できないようになっている場合も不可です。

一人で高級ホテルで食事をしました

【対　象】
会社全般
個人事業者

Q 一人で高級ホテルで食事をしました。この食事はSNSに載せています。この食事代は経費で落とすことができますか？

A 基本的に一人で食事をするのは、経費で落とすことはできません。が、一定の条件をクリアすれば経費で落とす方法がいくつかあります。

まず食事をSNSに載せているということから、広告宣伝費に該当するSNSであれば、経費で落とすことができます。どういうSNSが広告宣伝費に該当するのかの詳細は151ページを参照してください。

もし飲食店や食材関連の事業をしている場合や、そういう事業をしようと検討している場合は、マーケティングということで「研究開発費」として計上することもできます。

ネットで評判の店に食事に行きました

【対　象】会社全般　個人事業者

Q 飲食店に非常に興味があり、ネットで評判の店に食事に行きました。この場合の食事代は経費で落とせますか？

A 落とせるケースと落とせないケースがあります。

まず誰かと一緒に行くか、一人で行くかによって違いがあります。誰かと一緒に行った場合は、交際費や会議費等で計上することができます。それは前述したように、取引先の人か、社内の人か、金額が5千円以内かで経費処理の仕方が変わってきます（16、32、35ページ参照）。

Q では一人で行った場合は、どうすれば経費で落とせるのですか？

A 条件をクリアすれば広告宣伝費か研究開発費に計上することができます。

まず会社の公式ＳＮＳをつくっているような場合は、ＳＮＳに載せることで、広告宣伝費として落とせるケースがあります。どういう場合に広告宣伝費に計上できるかは、151ページを参照してください。

また研究開発費で落とせる可能性もあります。

「食べ歩き」は、飲食店や食材などに関する事業をしていたり、そういう事業をやってみたいと検討している場合などには、研究開発としての意味合いが生じます。

特にネットで評判の店などに行ってみるというのは、いろんな意味でマーケティングのヒントになりうるものです。飲食店や食材に関する事業だけじゃなく、客層や店内内装、流行のマーケティングということにもなりえます。

研究開発費としての形を整えれば、十分に経費計上できます。どうすれば研究開発費として計上できるかは、136ページを参照してください。

第2章

生活、教養にかかる費用を経費で落とす

タワーマンションの家賃

【対　象】
会社全般

Q 私は、小さな会社を経営しています。私のほかに社員はいません。私は50平方メートルほどのタワーマンションに住んでおり、家賃は30万円です。この家賃は会社の経費で落とせますか？

A 一定の条件をクリアすれば、会社の福利厚生費から支出することができます。
また福利厚生費で出せない分は、あなたへの報酬という形で会社の経費として支出することができます。

Q 一定の条件とは何ですか？

A 会社が直接不動産会社と契約し「借り上げ住宅」ということにするのです。

そして家賃の大半は会社が負担し、社員（役員も含む）は一定の金額を会社に家賃として払います。そうすれば、会社の福利厚生費として支出でき、社員の給料扱いにしなくていいのです。

Q 普通に家賃分を会社が支給すれば福利厚生費にはできないのですか？

A 通常、会社が社員（役員含む）に経済的恩恵を与えた場合は、それは給料に加算されることになっています。

そのため、会社が家賃代を出してくれれば給料を増額されたのと同じように、税金も加算されるわけです。

Q 福利厚生費として認められるためには、社員は会社にどの程度家賃を払わなくてはならないのですか？

A 社員が払わなくてはならない家賃は、次のページの計算式のとおりです。

これはざっくりいえば、家賃の約15％程度です。

借り上げ住宅で
社員が会社に払う金額の計算式

小規模住宅の場合

（法定耐用年数が30年以下の建物で132㎡以下、
法定耐用年数が30年超の建物で99㎡以下）

①その年度の建物の
　固定資産税の課税標準額×0.2％
②12円×その建物の総床面積の坪数
③その年度の敷地の固定資産税の
　課税標準額×0.22％

①②③の合計額

一般住宅の場合

（小規模住宅以外の場合）

①その年度の建物の固定資産税の
　課税標準額×1％
②その年度の敷地の固定資産税の
　課税標準額×0.5％

①②の合計額

Q どれほど広い豪華なマンションでも福利厚生費にできるのですか？

A 家賃を福利厚生費として支出できる家の広さには制限があります。

法定耐用年数が30年以下の住宅の場合は132平方メートル以内、法定耐用年数が30年超の住宅の場合は99平方メートル以内ということになっています。普通の住宅は、この広さで収まると思われます。

それを超える住宅の場合（前ページの一般住宅）は、役員は家賃相場の50％以上を払わなくてはなりません。そして床面積が240平方メートルを超え、プールなどの豪華施設がある「豪華住宅」の場合は、役員は家賃相当の全額を払わなければなりません。

Q わが社は社長一人しかいませんが、そういう会社でもこの制度は使えるのですか？

A この住宅借り上げ制度は、社長一人の会社だったり、家族だけでやっている会社でも適用されます。社長一人の会社であっても、社長の住居を会社が借り上げ、社長は家賃の15％程度を会社に払っておけばいいのです。

個人事業者がタワーマンションに住んだ場合

【対　象】
個人事業者

Q 私は個人事業者ですが、タワーマンションに住んでいます。仕事もここで行っています。
その場合、タワーマンションの家賃は事業の経費に計上できますか？

A 賃貸住宅に住んでいる自営業者やフリーランスの方も、家賃を経費で落とすことができます。

が、一つ条件があります。

それは、その賃貸アパートや賃貸マンションで仕事をしているということです。仕事をしていれば、それは「仕事場」となりますので、賃貸料は経費に計上することができます。

またこれはアパートであっても、タワーマンションであっても同様です。

ただし、仕事場だけではなく、居住もしている場合は、仕事の部分と居住の部分を按分して、仕事の部分だけを経費として計上することになります。

Q 仕事用と居住用のスペースがごっちゃになっている場合、どの程度を経費に計上していいのですか？

A 生活部分と仕事部分の按分計算は、「合理的に算出する」ということにはなっていますが、明確な基準はありません。

合理的な算出というと、たとえば広さなどで按分するということです。

40平方メートルの賃貸マンション、家賃20万円に住んでいたとして、仕事には20平方メートルを使っているので、半分の10万円を経費に計上するというような感じです。

明確に分けられることができなくても、だいたいの目安で構いません。またキッチンやバス、トイレ、居間も、一部は仕事に使っていると考えることができます。

Q だいたいどのくらいの割合であれば税務署は文句をいいませんか？

A ざっくりいえば、だいたい家賃の6割程度だったら、税務署は文句をいってきません。が、これも時と場合によります。

100平方メートルのような広い部屋に住んでいて、明らかに仕事のスペースはその5分の1くらいしかないような場合に、家賃の6割を計上していれば、税務署としても黙っていないかもしれません。

その辺は、常識的に判断してください。

運転免許を取りに行きました

【対象】
会社全般
個人事業者

Q 先日、運転免許を取りに行きました。この運転免許の取得費用は経費で落とすことができますか？

A できます。

事業に関する資格取得などの費用は、経費から支出できることになっています。

運転免許の場合、ほぼどんな事業でも何かしら使うことがあり、「まったく事業に関係がない」ということはあり得ないものです。日頃、自動車をまったく使わない事業でも、何かのときに自動車の免許を持っていた方が、絶対に便利ですからね。

そのため、事業の経費で落として差し支えないでしょう。

Q 自分（経営者）ではなく従業員が運転免許を取った場合、その費用も経費で落とすことができますか？

A できます。

従業員が運転免許を取りに行った場合でも、それが事業に少しでも関係するものであれば、事業の経費に計上していいのです。

Q 従業員の免許取得費用を出した場合、従業員に対する給料にしなくていいのですか？

A しなくていいです。

事業に関する資格取得は、給料に含めずに事業の経費から出せるのです。

研修費等で、普通に事業の経費として計上しておけば大丈夫です。

宅建取得のための学費

【対　象】会社全般　個人事業者

Q 宅地建物取引士の資格をとるために、学校に通いはじめました。この学費は、事業の経費で落とすことができますか?

A 宅地建物取引士の資格と関係のある事業をしているか、そういう事業をする予定がある場合は、経費で落とすことができます。

Q それは給料としてではなく、普通に事業の経費として支出できるのですか?

A できます。

会社（事業者）は従業員の「業務に関する技能の取得費」も出すことができ、それは従業員の給料に扱わなくていいということになっています。そして、従業員だけではなく、経営者や役員も含まれます。

「業務に関する技能の取得費」とはどういうものかというと、従業員が業務に関する技能を取得するために学校などに通った場合、その費用を会社（事業者）が負担しても課税されないということです。

特殊技能や特殊な資格を必要とする仕事は多いものです。また資格を取ることで、会社の業務も拡大できることもあります。

不動産会社における宅建の資格などはその代表格です。この資格を社員が持っていれば、支店などを出しやすくなります。不動産会社では、社員の必須資格となっている場合も多いようです。これらの資格取得費用を事業の経費から出せるわけです。

Q インテリアコーディネーターや野菜ソムリエなどの資格取得の費用も事業の経費で落とすことができますか?

A インテリアコーディネーターや野菜ソムリエの資格が、事業に何らかのメリットをもたらすようであれば経費で落とすことができます。現在、やっている事業に直接役に立つだけではなく、将来的に行おうと思っている事業、研究中の事業に役に立つ場合も可です。

英会話学校の受講費

【対　象】
会社全般
個人事業者

Q 私は先日から英会話学校に通っています。今のところ、事業には英語は関係ないのですが、いずれ国際的な取引もしてみようと思っています。この費用は、事業の経費から出すことはできますか？

A できます。

前項で紹介しましたように、事業員が業務に必要な知識、技能を身につけるための費用は、事業の経費で落とせることになっています。

Q 自分ではなく従業員に学ばせた場合でも経費で落とせますか？

A 落とせます。

最近では、サラリーマンがアフター5に英会話学校に行っていることもよくあります。この受講費を事業の経費として支出することもできるのです。

昨今の企業活動で英語がまったく必要ない、などという事業はほとんどないといっていいでしょう。伝統工芸の職人さんでも、外国人観光客向けに英語を習っていたりするものです。

また英会話に限らず、いろんな学校、講座の費用も会社から出すことができます。少しでも事業の業務に関係のあるものであれば、です。

経理の学校なども大丈夫です。経理は事業の業務に直結しますので。ほかにも事業の業務に関係する学校であれば、事業経費から支出していいのです。

Q 中国語学校でも経費で落とせますか？

A 中国語でも、事業に関連するのであれば大丈夫です。今現在、中国語は関係なくても、将来「中国と取引をしたい」「中国人の客を取り込みたい」というもくろみがあるのなら経費に計上できます。

ベビーシッターを頼みました

【対　象】
会社全般

Q わが社では、子育て中の社員がたくさんいるため、ベビーシッターを頼んだときの料金を補助しています。

このベビーシッター料金は、会社の経費で落とすことができますか?

A できます。

会社の福利厚生費から支出することができます。福利厚生費なので、社員の給料にする必要もありません。

ただ、すべてのベビーシッターが対象ではなく、「公益社団法人全国保育サービス協会」の資格を持つベビーシッターに限られます（国税庁に確認済み）。

またこのベビーシッター補助金を福利厚生費から出すためには、すべての社員が同様に享受できる制度でなければなりません。もし一部の社員のみが享受しているものならば、その社員への給料という扱いになります。

Q 実家に預けるのでベビーシッターを使わないという社員もいますが、そういう社員がいては「福利厚生費」として支出できませんか？

A その社員の事情によってその制度を使わないということであれば、使わない社員がいても福利厚生費として支出することができます。「望めば誰でも使える」ということになっていれば可です。

Q 補助金はどの程度まで出せますか？

A 補助金をどの程度まで出していいかというラインは、決まっていません。

「福利厚生費として社会通念上で許されないほどの大きな経済的恩恵」でなければ大丈夫ということになっています。つまりは、基本的には会社側の判断に任されており、あまりに高額の補助のときにだけ税務署から指摘を受けるということです。

社員への結婚祝い金を会社の金で出す

【対　象】
会社全般
個人事業者

Q わが社では、近々、結婚する社員がいます。その社員に対して結婚祝い金を渡そうと思っています。
この結婚祝い金は、会社（事業）の経費に計上することができますか？

A できます。

結婚祝い金は、会社の福利厚生費として支出することができます。福利厚生費なので、社員の給料にもなりません。

ただしこれは一定の基準を設けておく必要があります。

「社員が結婚した場合、祝い金として2万円を支給する」というように、です。もし、社員によって渡したり渡さなかったり、金額の多寡があったりすれば、福利厚生費ではなく交際費ということになります。

Q 交際費になるとどう違うのですか？

A 交際費は会社に枠があります（中小企業の場合）。そのため枠を使いきっている会社は、交際費を使うと経費にできません。

また大企業の場合は、交際費の枠がないので、はじめから半額しか経費にできません（詳細は24ページ参照）。

だから、なるべく福利厚生費として支出した方がいいでしょう。

Q 社員に渡す結婚祝い金には上限などはありますか？

A 上限などは設けられていません。

社会通念上、結婚祝い金として妥当な額ならばいいということになっています。

そのため何十万円など明らかに世間相場と比べて高くなければ大丈夫でしょう。

社員が出産したときに祝い金を渡しました

【対　象】
会社全般
個人事業者

Q 最近、社員の中で出産した者がいます。
その社員に祝い金を渡そうと思っていますが、これは会社（事業）の経費で落とすことはできますか？

A できます。
原則は交際費ということになりますが、前項の結婚祝い金と同様に、一定の基準により支給することが決められていれば、福利厚生費として支出することができます。

親族が亡くなった社員に香典を渡しました

【対　象】
会社全般
個人事業者

Q 最近、社員の中に親族が亡くなった者がいます。
その社員に香典を渡そうと思っていますが、これは会社（事業）の経費で落とすことはできますか？

A できます。

原則は交際費ということになりますが、前項の結婚祝い金と同様に、一定の基準により支給することが決められていれば、福利厚生費として支出することができます。

入院費を出しました

【対　象】
会社全般
個人事業者

Q わが社では、社員が病気になって入院したために、その入院費用の一部を支給しました。

この場合、会社（事業）の経費で出すことはできますか？

A できます。

この場合、原則としては社員への給料扱いということになりますが、一定の条件をクリアしていれば「見舞金」の名目で福利厚生費として支出することができます。

Q 一定の条件とはどういうものですか？

A 一定の条件とは、以下です。

・一定の規程があり、その規程に従って支給していること

・すべての社員が同等に享受できるものであること

・著しく高いものではないこと

Q **個人事業者が従業員に対して入院費を払った場合も、事業の経費とできますか?**

A できます。

右記の条件をクリアしていれば大丈夫です。

Q **個人事業者が自分自身の入院費を払った場合も、同様ですか?**

A これは不可です。

税務署では、個人事業者が従業員ではなく、自分自身に対して行う福利厚生については、費用として認めていません。これは、税法で明記されているわけではないのですが。

新幹線で通勤しています

【対　象】
会社全般
個人事業者

Q わが社では、遠方から勤務している従業員がおり、在来線でも通勤が可能ですが、あまりに時間がかかるので、新幹線での通勤を許しています。

新幹線での通勤費は毎月12万円ほどかかります。

その新幹線での通勤費を会社（事業）から出してあげたいと思っていますが、これは会社（事業）の経費で落とせますか？


A 会社（事業）の経費で落とせます。

また通勤費の場合、「経済的かつ合理的な通勤方法」であるならば、1カ月あたり15万円までは、その社員の給料に含めなくていいということになっています。

だから、お尋ねの件では、全額を会社の経費で落とせる上に、全額をその社員の給料にしなくていいということになります。

Q もし通勤費が15万円を超えていたらどうなりますか？

A 15万円を超えた分は、その社員の給料という扱いになります。

給料扱いになるにしろ、ならないにしろ、会社（事業）の経費から支出することはできます。

Q 合理的な通勤方法というのはどういうことですか？

A 贅沢をしているわけではなく無理のない方法での通勤ということです。

たとえば、2〜3時間かかるところを新幹線を使えば1時間以内で通えるなどというのは大丈夫です。

ただし、グリーン車など明らかに贅沢なものは不可です。出張の場合は、社内の身分によってはグリーン車も認められていますが、通勤でグリーン車というのはダメということです。

残業で終電がなくなったときにはタクシーで帰っています

【対象】会社全般　個人事業者

Q うちの会社は時期的に残業が多いときがあり、終電がなくなるような日もあります。
そういう日には、タクシー代を支給しています。
このタクシー代は、会社（事業）の経費で落とせますか？
また社員の給料扱いになりますか？

A 会社（事業）の経費で落とせます。

社員の給料扱いになるかどうかは、月の通勤費の総額によります。

前項で述べましたように、合理的な通勤方法ならば月15万円までは給料扱いにしなくていいということになっています。

終電がなくなった後にタクシーで帰宅するというのは、一応、「合理的」です。だから、あとは月15万円以内で収まるかどうかということになります。

他の通勤費も含めて、月15万円以内ならば、給料扱いにしなくていいということです。たとえば、いつもは電車通勤をしていて、その定期代が月4万円かかっているとします。そして、月に5回ほどタクシーを使いました。タクシー代は、一回2万円くらいです。この場合は、月15万円以内で収まりますので、全額が給料扱いにしなくていいということです。

Q 終電がなくなる前に、タクシーを使って帰宅した場合、そのタクシー代は会社の経費で落とせますか？

A 会社（事業）の経費として落とすことはできます。

が、まだ終電があるのにタクシーを使うということは、合理的な通勤方法とはいえませんので、その分は、タクシーを使った人の給料扱いということになります。

個人事業者の場合、従業員ではなく事業者本人がまだ終電があるのに、タクシーで帰宅したということになれば、事業の経費から落とすことはできません。

飛行機で通勤します

【対　象】
会社全般
個人事業者

Q わが社には、親の介護のために実家に帰らなくてはならないという従業員がいます。この従業員の実家は、通勤できるような距離ではなく、飛行機で小一時間ほどかかる場所にあります。

この従業員は技量もあり、退職させるのは会社としてももったいないし、本人も生活に困ると思われます。

そのため、週に3日ほど飛行機で出勤させるようにしたいと思っています。

この場合の飛行機代は、会社（事業）の経費で落とすことはできますか？

A できます。

飛行機であろうと、会社（事業）のために使った交通機関の費用は、会社（事業）の経費で落とすことができます。

Q この場合、本人の給料扱いになりますか？

A 前項でもご説明したように、月15万円以内であれば給料に含めなくていいことになっています。

Q 本人の実家を勤務場所にして、会社に来るときは出張という扱いにすることはできますか？

A もし在宅でできるような仕事であれば、従業員の実家を支店扱いにし、会社に出勤するときは「打ち合わせのために本店へ出張する」ということにし、出張費として飛行機代を出すこともできます。

その場合は、全額を給料扱いにしなくていいです。ただ、その場合は、実家で仕事ができるような業態でなければなりません。会社に来なければ仕事ができないような業態では、出張ではなく、出勤ということになります。

自転車で通勤をしている場合、通勤費を出せますか？

【対　象】
会社全般

Q わが社では、健康と本人の趣味により、自転車で通勤をしている者がいます。かなりの距離があり、普通に電車などの公共交通機関を使えば、月1万円程度はかかります。

そのため、自転車通勤者にある程度の通勤費を払いたいと思っています。

会社から通勤費を出すことはできますか？

A できます。

また一定の金額以下であれば、その社員の給料扱いにしなくても構いません。

給料扱いにしなくていい金額というのは、次のページの表のとおりです。

自転車や自動車などで通勤する場合の通勤費の上限額（非課税給料）

通勤距離	給料扱いしなくていい（非課税給料）上限額
片道55キロメートル以上	31,600円
片道45キロメートル以上55キロメートル未満	28,000円
片道35キロメートル以上45キロメートル未満	24,400円
片道25キロメートル以上35キロメートル未満	18,700円
片道15キロメートル以上25キロメートル未満	12,900円
片道10キロメートル以上15キロメートル未満	7,100円
片道２キロメートル以上10キロメートル未満	4,200円
片道２キロメートル未満である場合	全額給料

自家用車で通勤している場合の通勤費

【対　象】
会社全般

Q わが社は交通機関の利便性が悪く、自家用車で通勤している者がたくさんいます。
この場合、自家用車で通勤している者に対して通勤費を払った場合、会社の経費で落とすことはできますか？

A できます。

また自転車通勤の場合と同様に、一定の金額以下であれば、その社員の給料扱いにしなくても構いません。

給料扱いにしなくていい金額というのは、前のページの表のとおりです。

第3章

レジャー費用を経費で落とす

社内でカラオケ大会をしました

【対　象】
会社全般

Q 社内でカラオケ大会をしました。これは経費で落とせますか？経費で落とせる場合、勘定科目は何になりますか？

A 経費で落とせます。

勘定科目は、福利厚生費、交際費などになります。もっともオーソドックスな勘定科目は、福利厚生費です。

Q カラオケ大会は社員の福利厚生になるのですか？

A そうです。

会社の福利厚生というのは、明確な基準がありません。福利厚生は時代とともに、変わってくるものですから。カラオケ大会の場合は、福利厚生として十分に認められているといえるので、福利厚生費に計上して大丈夫です。

が、一部の社員だけが〝特別〟に参加したものの場合は、接待交際費になります。

Q なぜ一部の社員だけが参加している場合は、福利厚生費にはできないのですか？

A 福利厚生費というのは原則として、全社員を対象にしていないとならないのです。

全社員が参加できる催しだけれど、都合で参加できない社員もいて、結果的に一部の社員だけが参加するというのであれば、ＯＫです。

Q 一部の社員だけが特別に参加した場合は、経費で落とせませんか？

A 落とせます。が、一部の社員だけを対象にしている場合は、その社員に対する給料か、その社員に対する接待交際費ということになります。

その社員に対する給料にしてしまうと、その社員の税金や社会保険料が上がってしまいますので、できれば接待交際費で落としたほうがいいでしょう。

ただし接待交際費の場合は、枠がありますので（24ページ参照）、枠を使いきっている場合は、損金になりません。

Q 社員のカラオケ大会なのに交際費になるのですか？

A はい。

接待交際費というのは、社員に対して会社が接待するという意味でも使えるのです。

Q 取引先を含めてカラオケ大会をしました。この場合は、経費で落とせますか？

A 経費で落とせます。

この場合も、接待交際費になります。接待交際費には資本金1億円以下の中小企業には枠がありますから、この枠内であれば全額損金算入できます。資本金1億円超の企業は、半額だけ損金算入できます。

社内でボウリング大会をしました

【対　象】
会社全般

Q 社内でボウリング大会をしました。これは経費に落とせる（損金算入）でしょうか？

A 落とせます。

この場合もカラオケ大会と同じく、勘定科目は、福利厚生費、交際費などになります。もっともオーソドックスな勘定科目は、福利厚生費です。ボウリング大会も、福利厚生として社会一般に認められていますので、大丈夫です。

が、これも一部の社員だけが〝特別〟に参加したものの場合は、福利厚生費では落とせません。

一部の社員だけが特別に参加した場合は、接待交際費になります。

取引先の人が入っている場合も、接待交際費になります。

会社の忘年会をしました

【対象】
会社全般

Q 会社で忘年会をしました。これは経費で落とせますか？

A 落とせます。

この場合も、勘定科目は、福利厚生費か交際費になります。

原則として社員全体が参加することになっていれば、福利厚生費で大丈夫です。最初から社員の一部だけが参加することになっている場合は、接待交際費ということになります。

取引先の人を交えての忘年会も、接待交際費になります。

会社の新年会をしました

【対　象】
会社全般

Q 会社で新年会をしました。これは経費で落とせますでしょうか？

A 落とせます。

この場合も、忘年会と同様に勘定科目は、福利厚生費か交際費になります。
原則として社員全体が参加することになっていれば、福利厚生費で大丈夫です。そうでない場合は、接待交際費ということになります。
取引先の人を交えての新年会も、接待交際費になります。

会社で花見をしました

【対　象】
会社全般

Q 会社で花見をしました。これは経費で落とせますか？

A 落とせます。

この場合も、忘年会、新年会と同様に、勘定科目は福利厚生費か交際費になります。原則として社員全体が参加することになっていれば、福利厚生費で大丈夫です。そうでない場合は、接待交際費ということになります。

取引先の人を交えての花見も、接待交際費になります。

Q 忘年会、新年会、花見などは、どれも同様と考えていいのですか？

A 同様と考えて構いません。

Q **忘年会、新年会、花見などと、普通の飲み会はどう違うのですか？**

A 忘年会、新年会、花見などは、社会的に恒例行事として認められているので、福利厚生費として計上しても問題ないのです。

Q **忘年会、新年会、花見などのほかに、福利厚生費として認められている飲食行事はありますか？**

A 福利厚生費で認められる範囲に明確な基準はなく、「社会通念上認められる範囲」ということになっていますので、明確にはいえません。

社内のクリスマスパーティや歓送迎会などは、十分に社会通念上認められている範囲だといえます。ハロウィンなども、もはや認められているといえるでしょう。

会社で通常の飲み会をしました

【対　象】
会社全般

Q 忘年会、新年会、花見ではなく、通常の社内の飲み会でも、経費に落とせますか？

A 落とせます。

が、普通の飲み会の場合は、原則として接待交際費ということになります。

だから、この場合も、接待交際費には資本金1億円以下の中小企業には枠がありますから、この枠内であれば全額損金算入できます。資本金1億円超の企業は、半額だけ損金算入できます。

また、それほどアルコール量が多くないのであれば会議費で落とす方法もあります。この場合の会議費については17ページを参照してください。

個人事業者が忘年会に参加しました

【対　象】
個人事業者

Q 私は個人事業をしていますが、この前、知り合いの忘年会に参加しました。この忘年会の参加費用は、接待交際費に計上できますか？

A その集まりが、少しでも仕事にプラスになるようなものであれば、接待交際費に計上することができます。

新年会、花見、歓送迎会など、さまざまな催しものに関しても同様のことがいえます。

接待交際費は会社の福利厚生費よりもさらに範囲は広く、普通のパーティーやゴルフコンペなどで人脈を広げるなど、少しでも仕事に役に立つものであれば交際費に計上できます。

個人事業者は交際費の上限はない？

【対　象】
個人事業者

Q 会社は、大企業、中小企業などで、それぞれに交際費の上限や損金経理の方法が決まっているようですが、個人事業者には、交際費の上限などはあるのでしょうか？

A 個人事業者の場合、交際費の上限は決まっていません。

しかも大企業のように、実際にかかった交際費の半分しか損金算入できないというようなことはなく、全額を損金算入できます。

だから「交際費に該当する経費」であれば、いくらかかったとしても、全額を経費に計上できるのです。

高級外車を買いました

【対　象】
会社全般
個人事業者

Q 社用車として高級外車を購入しました。これは会社のお金で買えますか？

A 買えます。

会社の業務で使用するものであれば大丈夫です。それは、国産車でも外国車でも変わりはありません。

ただし、車の場合は、一括で経費にすることはできず、固定資産に計上し、減価償却をしなければなりません。

Q 会社の業務というのは何ですか？ 営業車ということでしょうか？

A 営業車だけではありません。役員や社員の送迎車など、会社の業務のどれかに関与していれば大丈夫です。

Q 会社の業務だけではなく私用でも使うことがありますが、大丈夫ですか？

A 会社の業務が主であれば、少し私用で使う分には構いません。営業車を私用に使っている会社員はたくさんいるわけですから。

Q 個人事業者でも高級外車を事業用の車として購入することはできますか？

A できます。

しかし、個人事業者の場合は、私用分と事業分を按分しなければなりません。

たとえば、事業で6、私用で4だった場合は、車の購入費をその割合で按分して固定資産として計上することになります。

もちろん、事業用が10で私用はゼロの場合は、購入費の100％を計上できます。

減価償却とは？

【対　象】会社全般　個人事業者

Q 前項で減価償却という言葉が出てきましたが、減価償却というのはどういうことなのでしょうか？

A 減価償却というのは、固定資産（長期間使用できる高価なもの）を購入した場合は、購入費を使用する期間（耐用年数）に按分して経費計上するということです。

たとえば、10年の耐用年数がある100万円の機械を買った場合、一年間に10万円ずつ、10年間にわたって費用計上していくのです。この費用計上のことを減価償却費というのです。

各固定資産の耐用年数は法律で決まっています。

普通自動車（新車）の場合は6年です。

社員に車を買い与えました

【対　象】
会社全般

Q 社員に会社の金で車を買い与えたいと思っています。会社の業務で使う車ですが、社員の好みに合わせたものを購入し、業務以外では社員に自由に使わせたいと思っています。
これは可能ですか？

A 可能です。

会社の業務に使うものであり、会社の業務が主であれば、会社の金で社員の好きな車を買っても構いません。

しかし、車の名義や所有者は、あくまで会社ということにしておかなければなりません。
もし、社員の名義で買い与える場合は、社員への給料ということになります。この給料については、当然、社員個人に税金や社会保険料がかかってきます。

キャンピングカーを買いました

【対象】
会社全般

Q 私は小さな会社を経営していますが、キャンプをよくします。社員を誘ってキャンプをするようなこともあり、社員も喜んでくれています。そこで今度、会社の金でキャンピングカーを買いたいと思っています。社員の福利厚生のためです。これは会社の経費で落とせますか？

A 落とせます。

会社が保養施設を持っていたり、キャンプ費用を会社が福利厚生費として支出することは決してあり得ないことではありませんので、「寝泊まりができるキャンプ用の車」を会社が福利厚生費として購入しても大丈夫でしょう。

ただし、キャンピングカーなどを購入するときに気を付けたいことは、「社員全員が使用できる状況にあるか」ということです。

福利厚生費として認められる条件としては、「社員全員が平等に享受できること」ということがあります。これをクリアしていなければ、福利厚生費としては認められません。社員全員が実際に使用する必要はありませんが、社員全員が「使おうと思えば使える」という状況でなければなりません。

また「社員のために購入した」という建前であっても、実際には社長だけしか使っていないというような場合は不可となります。

その場合は、社長に対する報酬ということになります。

そのため、ポイントは「実質的に社員が使えること」です。

Q 社長以外の従業員も使えるように社内規程で定めていればいいのですか?

A 原則はそうです。

しかし、社長以外の従業員がその社内規程を知らなかったり、実際上はまったく使えなかったりすればダメです。実際に従業員も使えるような状況でないとなりません。

別荘を買いました

【対　象】
会社全般

Q わが社では、海の近くにある温泉地に別荘を買おうと思っております。社員の保養のためです。
この別荘の購入費は、会社の経費で落とせますか？

A 落とせます。

大企業などが観光地に保養施設を持っていることはよくあります。それは福利厚生施設ということになっています。つまりは、福利厚生費から支出することができるのです。
ただし、建物なので、購入時に一括して経費で落とすことはできません。会社の固定資産として減価償却することになります。土地代は資産に計上されます。

Q 家族だけでやっている会社ですが、それでも大丈夫ですか?

A 大丈夫です。

家族だけでやっている会社であっても、法人登記をしている以上は法人経理、法人税法の適用を受けます。法人税法上、保養施設の保有は認められているので、どんな小さな会社であっても問題ありません。

ただし、経営者の家族以外の社員がいる場合には注意を要します。その別荘が、経営者の家族しか使えないような状態になっていれば、それは「経営者の私的な別荘」ということになり、会社の経費に計上することはできなくなります。

Q 家族以外の従業員も使えるように社内規程で定めていればいいのですか?

A 原則はそうです。

しかし、家族以外の従業員がその社内規程を知らなかったり、実際上はまったく使えなかったりすればダメです。実際に従業員も使えるような状況でないとなりません。

一人で旅行をしました

【対　象】
会社全般
個人事業者

Q 今度、一人で旅行をしたいと思っているのですが、旅行をした費用を事業の経費で落とせますか？

A できます。

一人で行った旅行費用を事業の経費で落とすには、会社の業務として行く「出張旅行」という方法があります。市場調査、取引先との打ち合わせなどの名目があれば、会社の出張旅行として、経費から出すことができます。

これは個人事業者であっても同様です。

また会社の場合、「旅費規程」をつくれば領収書がなくても旅費を経費計上することができます（105ページ参照）。

従業員同士で旅行をしました

【対象】
会社全般
個人事業者

Q 今度、同僚と旅行をしたいと思っているのですが、この旅費は事業の経費から出すことはできますか？

A できます。

同僚と一緒に旅行する場合、経費で落とす方法は2パターンあります。一つは、95ページで紹介した出張旅行です。これは個人事業者の場合も使えます。

もう一つは、福利厚生費として支出する慰安旅行です。慰安旅行は福利厚生費として認められています。ただし、慰安旅行の場合は、従業員の半分以上が参加し、4泊5日以内の期間であることが条件です（21ページ参照）。海外旅行の場合は、現地での宿泊数が4泊5日以内であればＯＫです。

家族同伴で旅行をしました

【対　象】
会社全般

Q 今度、家族で旅行をしたいと思っています。この旅行費用は、会社の経費から出すことはできますか？

A 家族同伴で旅行する場合、視察旅行などの経費で全額を落とすことはできません。

しかし、福利厚生費から「旅費補助」という形で一部を支出することができます。

大企業や官公庁には、保養地に宿泊施設を持っていることが多く、従事者はそれを格安で利用できます。それを持っていない企業の従業員は不公平になるので、会社が旅費の補助をした場合は、福利厚生費として支出していいということになっているのです。

ただし、この旅費の補助は、会社の名義で、会社から宿泊などの手配を行わなければなりません。社員が自分で払って、会社からお金をもらうというだけでは、「給料」として取り扱われます。

Q この旅行は会社の業務と関係しなくてもいいのですか？

A 構いません。

この旅行は、社員の福利厚生の一環なので、観光旅行で大丈夫です。

Q この旅費補助には金額の上限などはありますか？

A 補助する金額は、社会通念上、許された額ということになっており、あまり高額な補助は認められないということになっています。が、金額のラインは設定されていません。

大企業の福利厚生費調査などを見ると、年間10万円くらいまでの旅費補助は認められるといえます。

第4章

知らないと損する節税アイテム

保険料などは一年分前払いすれば全額経費に計上できる

【対　象】
会社全般
個人事業者

Q 保険料などは、一年分前払いしたりすることが多いですが、この場合、経費として計上する期間はどうすればいいですか？

A 保険料などの前払いをしたときには、本来はその事業年度に該当する期間分だけを経費として計上し、前払いになっている分は、「前払い費用」として資産に計上しなければなりません。

しかし、一定の条件をクリアしていれば、前払いした全額を払った年の経費に計上することができます。

たとえば、家賃20万円の事務所を借りている、3月決算の会社があったとします。この会社が、3月31日に、翌年の2月分までの家賃を一年分前払いをしたとします。すると、この前払い家賃２４０万円が、その期の経費に計上できるのです。

家賃、火災保険料、信用保険料などは、多くの会社が日常的に払っているものです。そして、その金額は年間にするとけっこう大きなものです。

しかも、これらの費用は、いずれ必ず払わなくてはならないものです。前払いをして損はしないのです。期末ギリギリになって税金を減らしたいときには、もっとも現実的で、手間の要らない節税策といえるでしょう。

Q 一定の条件とは何ですか？

A まずは年払いの契約になっていることです。本来は月払いの契約になっていて、期末だけ特例的に年払いにしてもダメだということです。ただし、期末までに年払いの契約に変更すれば、大丈夫です。

またこの方法では、一年以上の前払いは経費としては認められません。

もし、一年以上の前払いをしていれば、単に1カ月分のみの経費としかできないので要注意です。たとえば、14カ月分の前払いをした場合は、12カ月分だけ損金として計上できるのではなく、前払いした分全部が損金計上不可になるのです（期末当月分の家賃のみ損金計上できます）。

Q どういう経費であれば、前払いしたときに一括して経費に計上できますか？

A 営業費のうちいくつかの勘定科目では、一年分前払いした場合、それが全額、今期の損金（経費）に計上できるというものがあります。

この一年分の前払いが、期末にできるもっとも手っ取り早い節税策だといえます。

どういう勘定科目が該当するかというと、継続的に定額で支払わなければならないサービスなどです。

具体的には、家賃、火災保険料、信用保証料などです。これらの経費を一年分前払いすれば、全額を払った日付で損金（経費）に計上できるのです。

Q 決算期が来た後に、前払いをしても大丈夫ですか？

A それはダメです。

決算期後にこの操作をしても、前払いとは認められないので、くれぐれも決算期前までに行ってください。

支払いも決算期前までに終えていなければなりません。前払いの契約だけしておいて、入金は決算期の後になっていると、決算期内の損金（経費）計上は認められません。

Q 業績がいいときは一年分前払いをして一括して経費に計上し、業績が悪いときには月払いに切り替えるということはできますか？

A 一度この会計処理をすれば、原則として毎年同じ会計処理を行わなくてはなりません。つまり家賃を一年分期末に前払いすれば、翌事業年度も期末に一年分前払いしなければならないのです。

儲かった年だけ前払いし、儲からなかった年は前払いしない、ということは認められないのです。

しかし、まっとうな理由があれば、月払いに変更することも可能です。たとえば、資金繰りが苦しくなって、一年分払うことができなくなった、などです。その場合は、本当に財務状況が苦しくなっていなければなりません。

前払い費用を損金にする条件

・年払いの契約になっていること
・12カ月以内の前払いであること
・毎年、その契約を続けていること
・必ず決算期内に支払いを終えていること

具体例

・家賃
・保険料
・信用保証料など

魔法の節税アイテム「旅費規程」とは？

【対象】
会社全般

Q 旅費規程というものをつくれば、旅費を使って大幅な節税ができると聞いたのですが、旅費規程とは何ですか？

A 旅費規程というのは、社員（役員も含む）が出張など会社の用件で旅行した場合に、旅費を支払う規程のことです。

交通機関の普通運賃などを基準にして、出張先ごとの交通費や宿泊費などをあらかじめ規程しておけば、実際にいくらかかったかにかかわらず、その規程の旅費を支給することができるのです。

たとえば、東京から福岡への一泊の出張の場合、ＡＮＡなどの普通運賃を基準にして、交通費を８万円、宿泊料を２万円、日当４千円、食卓料３千円と規程しておきます。そうすれば、実際にいくらお金がかかっていようが、この合計額の10万７千円を旅費として支給することができるのです。

Q もしもっと安く、たとえば、6万円くらいに抑えたとしても、10万7千円を支給できるのですか?

A そうです。

Q 領収書は必要ないのですか?

A 基本的に出張旅行をしたという事実さえあれば領収書は必要ありません。

Q なぜそういうおいしい制度があるのですか?

A 出張の多い企業などでは、旅費の計算が煩雑になるため、あらかじめ規程を決めておいてそのとおりに支給すれば、いちいち計算しなくてもいいということになっているのです、建前の上では。

Q 「建前の上では」というと？

A 実際、旅費規程はそもそも官庁が重用しているルールなのです。旅費規程と実際の運賃との差額を「小遣い」にするというわけです。官庁がやっていることなので、企業にも認めざるを得ないというわけです。

Q 税務署もそれをやっているのですか？

A ノーコメントとさせてください。

旅費規程をつくれば出張中の食事代や小遣いも支給できる

【対象】会社全般

Q 旅費規程にある「食卓料」「日当」というのは何ですか？

A 日当というのは、出張旅行中に使ったさまざまな経費を賄うための費用です。ざっくりいえば出張旅行中の小遣いです。使おうが使うまいが規程の額がもらえます。

食卓料というのは、食事代その他の費用のことです。出張して宿泊すれば、日常よりも余計に食費がかかってしまうものなので、それを支給するということです。これも、実際にはこの金額がかかっていなくても、規程の金額がもらえるのです。

Q 旅費規程をつくれば、出張中の小遣いや食事代も支給できるのですか？

A　そういうことです。

Q　日当や食事代に上限などはありますか？

A　特に上限は設定されておらず、「社会通念上、許される範囲」とされています。

Q　「社会通念上、許される範囲」とはどの程度でしょう？

A　113ページの表が、公務員の旅費規程を基準につくられていますので、表に掲げた金額程度を目安にすればいいでしょう。

Q　なぜこんなおいしい制度があるのですか？

A　それは先ほども述べましたように官庁が……。

旅費規程はどうやってつくればいいか？

【対　象】会社全般

Q その旅費規程はどうやってつくればいいのですか？

A 旅費規程は、別にそう難しく考えることはありません。

通常の普通運賃を基準にして、どこからどこまではいくらというふうに定めておけばいいのです。

たとえば、東京（羽田）から大阪（伊丹空港）までの航空機（ＡＮＡ）の普通運賃は、だいたい2万9千円程度です。

往復で、5万8千円程度です。

これを基準運賃にすればいいのです。

そういう感じで、出張に行く他の場所での基準運賃をどんどん決めていきます。

それを旅費規程に記しておけばいいのです。

そして、一泊の宿泊費なども定めておきます。たとえば、ビジネスホテルの一泊の宿泊料はだいたい1万円前後なので、1万円と定めておきます。そして日当は6千円、食卓日は3千円などと定めます。

それも旅費規程に記しておくのです。

たとえば、大阪に一泊で出張した場合は、この旅費規程でいうならば、交通費が5万8千円、宿泊料が1万円で、日当が6千円、食卓料が3千円、合計7万7千円になります。

このお金を旅費として支給すればいいのです。

Q 役員も従業員も同じ額にしなければなりませんか？
たとえば、役員の飛行機はビジネスクラスにするようなことはできませんか？

A できます。

会社の業務での旅行費用なので、社会一般的にあるような役員と従業員の区分は行って構いません。その場合、区分も旅費規程に記しておきましょう。

福利厚生費のように、すべてを平等にしておく必要はないのです。

Q 旅費規程には何か書式はありますか？

A 旅費規程をつくるには、特別な書式などはありません。

各地に出張したときの基準運賃などを記した、普通の表をつくればいいだけです。

誰にでもすぐつくれます。

Q 作成した旅費規程は税務署に提出しなくてはなりませんか？

A いいえ。税務署への提出の義務はありません。

税理士に頼んでいる事業者の方は、税理士には見せておいた方がいいでしょう。

次のページに旅費規程の具体例を掲載しておきます。

この旅費規程は、公務員の旅費規程を参考につくっていますので、ごく一般的なものだといえます。

旅費規程の例

	役員	管理職	一般
宿泊費	15,000円	10,000円	8,000円
宿泊費 （都心部）	20,000円	15,000円	10,000円
日当	6,000円	5,000円	4,000円
日当 （半日）	3,000円	2,500円	2,000円
宿泊食卓費	3,000円	2,000円	1,500円
鉄道等	グリーン車	普通車 指定席	普通車 指定席
航空機	ビジネス	エコノミー	エコノミー

＊鉄道はJR、各私鉄の普通運賃とする。航空機は日航、ANAの普通航空券とする。

最強の節税アイテム「経営セーフティ共済」

【対象】中小企業　個人事業者

Q 中小企業が「経営セーフティ共済」という共済に入れば節税になるそうですが、これはどういうものなのですか？

A 「経営セーフティ共済」というのは、本来は、取引先に不測の事態が起きたときに資金手当てをしてくれる共済です。

正式には中小企業倒産防止共済制度といいます。

簡単にいえば、毎月いくらかのお金を積み立てておいて、もし取引先が倒産とか不渡りを出して、被害を受けた場合に、積み立てたお金の10倍まで無利子で貸してくれる、という制度です。

そして、掛け金は40カ月以上納めていれば全額戻ってくるのです。だから、いざというときの保険でもあり、定期預金のようなものでもあるのです。

Q そのセーフティ共済はなぜ節税になるのですか？

A 経営セーフティ共済は、掛け金の全額が税務上の経費として算入できるのです。

通常、こういう後で全額還付される保険などは、経費ではなく資産として計上しなくてはならないものです。しかし、この経営セーフティ共済は、国が普及するのを狙っているので、全額を経費に算入できることになっているのです。

Q どのくらい掛けられるのですか？

A 月額の掛け金は5千円から20万円です。

なので、最高額の20万円に加入しておけば、年間２４０万円を経費として計上しながら、資産を蓄積できるのです。

また途中で増減することもできます。

だから初めの掛け金は、節税のために最高額にしておいて、景気が悪くなったら減額する、という手も使えるのです。

たとえば、毎月の掛け金を20万円としておきます。

もし会社が思ったとおりに儲かれば、年間240万円もの利益を削減できるので、節税に大きく貢献することになります。思ったように儲からなければ、年の途中で掛け金を減額すればいいのです。

たとえば、掛け金を20万円に設定していても、その年の業績が思わしくなければ半期に掛け金を10万円に減額すればいいのです。

このように利益調整としては、まさにうってつけのアイテムといえるでしょう。

Q 掛け金は年一括払いはできますか？

A できます。

しかも一年分の前払いもでき、払ったときの事業年度の経費に入れることができます。

たとえば、決算期近くになって、今年は意外に利益が出ていることがわかった、しかし、節税策を施そうにも時間がない、というような場合、この経営セーフティ共済に、月額20万円で加入し、一年分前払いをすれば、実に240万円もの利益を一気に消すことができるのです。

Q **掛け金はいつ戻ってくるのですか？　どういう形で戻ってくるのですか？**

A 掛け金は、もし不測の事態が起こらなかった場合、40カ月以上加入していれば全額解約金として返してもらうこともできます。

Q **途中で解約はできますか？**

A 40カ月未満でも解約してもらえますが、返還率は若干悪くなります。

また積立金の95％までは、不測の事態が起こらなくても借り入れることができます。この場合は金利がつきますが、それでも1・5％という低率です。なので、運転資金が足りないときには、この積立金を借りることができます。

Q **すごく有利な共済ですが、取扱機関は安全なところなのですか？**

A 経営セーフティ共済は、国が全額出資している独立行政法人「中小企業基盤整備機構」が運営しているので、この機関自体がつぶれる心配はありません。

Q **経営セーフティ共済はどこに行けば加入できますか？**

A 加入の申込や問い合わせは、金融機関の本支店・商工会連合会・市町村の商工会・商工会議所・中小企業団体中央会などです。詳しい内容が知りたければ「経営セーフティ共済」で検索すれば、サイトが出てきます。

Q **経営セーフティ共済へは個人事業者も加入できますか？**

A できます。

個人事業者も対象になっています。

Q 経営セーフティ共済に加入するための条件は何ですか？

A 1年以上継続して営業している一定の規模以下の中小企業です。詳しい条件等は、次のページを参照してください。

中小企業倒産防止共済の概要

●加入資格

・１年以上事業を行っている企業
・従業員300人以下または資本金3億円以下の製造業、建設業、運輸業その他の業種の会社及び個人。
・従業員100人以下または資本金1億円以下の卸売業の会社及び個人。
・従業員100人以下または資本金5,000万円以下のサービス業の会社及び個人。
・従業員50人以下または資本金5,000万円以下の小売業の会社及び個人。
・ほかに企業組合、協業組合など。

●掛け金

・毎月の掛け金は、5,000円から20万円までの範囲内（5,000円単位）で自由に選択できる。
・加入後、増・減額ができます（ただし、減額する場合は一定の要件が必要）。
・掛金は、総額が800万円になるまで積み立てることができます。
・掛金は、税法上損金（法人）または必要経費（個人）に算入できます。

●貸付となる条件

加入後６カ月以上経過して、取引先事業者が倒産し、売掛金債権等について回収が困難となった場合。

●**貸付金額**

掛け金総額の10倍に相当する額か、回収が困難となった売掛金債権等の額のいずれか少ない額（一共済契約者あたりの貸付残高が8,000万円を超えない範囲）。

●**貸付期間**

５～７年（据置期間６カ月を含む）の毎月均等償還。

●**貸付条件**

無担保・無保証人・無利子（但し、貸付けを受けた共済金額の1／10に相当する額は、 掛け金総額から控除されます）。

●**一時貸付金の貸付け**

加入者は取引先事業者に倒産の事態が生じない場合でも、解約手当金の範囲内で臨時に必要な事業資金の貸付けが受けられます。

●**加入の申込先、問い合わせ先**

金融機関の本支店・商工会連合会・市町村の商工会・商工会議所・中小企業団体中央会など。

中小企業基盤整備機構
（経営セーフティ共済問い合わせ先）
https://www.smrj.go.jp/kyosai/tkyosai/

節税しながら退職金を積み立てる「小規模企業共済」とは？

【対　象】中小企業　個人事業者

Q 中小企業は「小規模企業共済」という共済に入れば、節税しながら経営者や役員の退職金を積み立てられるそうですが、これはどういうものなのですか？

A 「小規模企業共済」というのは、小規模企業（法人や個人事業）の経営者や役員の退職金代わりに設けられている共済制度です。毎月、お金を積み立てて、自分が引退するときや事業をやめるときに、通常の預金利子よりも有利な利率で受け取ることができるものです。

中小法人の経営者や役員、自営業者、フリーランスも加入できます。

会社の場合は、会社そのものが加入することはできませんが、経営者や役員が個人で加入することになります。

Q なぜ「小規模企業共済」は節税になるのですか？

A この小規模企業共済は、個人事業者の場合は「経営セーフティ共済」と同様に掛け金の全額を所得から控除できます。
「法人」の場合は、会社の経費で落とすことはできませんが、加入している経営者や役員の所得から控除することができます。
また小規模企業共済も、前納することができる上に、1年以内分の前納額は全額が支払った年の所得控除とすることができます。
さらに共済金を分割で受け取った場合は、税制上、公的年金と同じ扱いとなり、ここでも優遇されています。

Q 小規模企業共済の掛け金はどの程度ですか？　またどういう掛け方があるのですか？

A 月に1000円から7万円まで掛けることができます。
掛け金は自由に増減できます。

だから年末に月々7万円の掛け金で加入し、1年分前納すれば、84万円もの所得を年末に一気に減らすことができるのです。

Q 小規模企業共済にデメリットはありますか？

A 小規模企業共済の難点は、掛け金を受け取るための条件がいろいろあるということです。小規模企業共済で掛けたお金は、その事業をやめたときに受け取ることができるという建前になっています。だから原則としては退職したときや廃業したときにしか掛け金はもらえないことになっているのです。

途中解約もできますが、その場合、返還額は若干少なくなります。

しかし、個人事業者が事業を法人化したときにも、「個人事業を廃業した」ということになり掛け金を受け取れます。だから法人化への資金として貯蓄する場合にも使えます。

また掛け金の7～9割程度を限度にした貸付制度もあるので、運転資金が足りないときには活用できます。

小規模企業共済の概要

●加入資格

従業員が20人（商業とサービス業では5人）以下の個人事業者と会社の役員。

●掛け金

1,000円から7万円までの範囲内（500円単位）で自由に選べます。

加入後、掛け金の増額、減額ができます（減額の場合、一定の要件が必要です)。また業績が悪くて掛け金を納めることができない場合は、「掛け止め」もできます。

●共済金の受取り

事業をやめたとき、会社の場合は役員をやめたとき、など。

●加入の申込先、問い合わせ先

経営セーフティ共済と同じ

「国民年金基金」とは？

【対　象】
個人事業者

Q 自営業者やフリーランスは国民年金基金に入れば得になると聞いたのですが、これはどういうことですか？

A 国民年金基金というのは、国民年金だけでは足りないと思う人が掛けられる公的年金です。

国民年金基金は、年金として非常に有利なものです。

月額3万円の終身年金をもらうためには、40歳加入で、月額2万5110円を払えばいいのです。これは15年支払い保障なので、もし早く死んでも元は取れます。

Q 国民年金基金は節税になるのですか？

A なります。

国民年金基金は、小規模企業共済などと同様に、掛け金を所得から控除できます。つまり、掛け金を全額、収入額から差し引くことができるのです。もちろん掛け金は、資産として蓄積されます。

つまりは、「税金を回避しつつ資産の蓄積ができる」のです。

Q 国民年金基金の掛け金はどの程度ですか？　またどういう掛け方があるのですか？

A 国民年金基金は、掛け金を自分で決められるので、自分の所得に合わせて払うことができることです。

だから収入が増えて、節税策が必要なとき、国民年金基金に加入すれば、自分の年金資産をつくりながら節税できます。

Q 国民年金基金は前納できますか？　また前納した場合、掛け金は全額その年の所得から控除できますか？

A できます。

国民年金基金は翌年3月分までの前納ができます。

そして前納した場合、払った年の保険料として所得控除ができます。だから、もし「今年は儲かって税金が多いなあ」というときには、国民年金基金の掛け金を引き上げて3月分まで前納すれば、合法的に利益を圧縮することができるのです。

Q 国民年金基金にデメリットはありますか？

A あります。

国民年金基金は預金や積立金ではなく、あくまで年金だということです。

一旦支払ってしまえば、年金としてもらうまではお金は戻ってきません。だから一旦、税金の回避をするつもりで国民年金基金に入ったとしても、それを取り戻せるのは、年金受給年齢になってからということになります。

この点は、経営セーフティ共済や小規模企業共済などとは、かなり違います。

また国民年金基金は、加入したときの利率がずっと変わらないので、もし大きなインフレが起きたような場合は、資産を目減りさせてしまうことになります。

その点を除けば、非常に優れた「老後のための貯蓄商品」だといえます。

国民年金基金の概要

●加入対象者

自営業やフリーランスの人とその配偶者で、保険料を納めている20歳以上60歳未満の方が加入することができます。

●掛け金

掛け金は月額6万8,000円以内で自由に選択できます（ただし、個人型確定拠出年金にも加入している場合は、その掛け金と合わせて6万8,000円以内となります)。

●納付方法

掛け金の納付は口座振替により行われます。

4月から翌年3月までの1年分を前納すると0.1カ月分の掛け金が割引されます。

また割引はありませんが、翌年3月までの一定期間分の掛け金を一括して納付することができます。

●掛け金の変更と解約

掛け金額は変更（増・減額）することができます。増額は月毎に何回でも可能です。

また解約はできますが、返金はありません。すでに納付した掛け金は将来の年金に加算されます。

●予定利率

現在1.5%。加入したときの予定利率が最後まで続くので、インフレになっても、この利率が変更されることはありません。

節税しながら退職金を積み立てできる「中小企業退職金共済制度」

【対　象】中小企業　個人事業者

Q 「中小企業退職金共済制度」に入れば節税しながら退職金を積み立てできると聞きましたが、これはどういうことなんですか？

A 中小企業退職金共済制度とは、中小企業が毎月いくらかずつを積み立てて、それを従業員が退職したときに退職金として支払うという制度です。

この中小企業退職金共済制度のどこが節税になるかというと、積み立てた金額が、全額損金とできることです。

また「中小企業退職金共済制度」には、国からの若干の助成があります。つまり、積み立てた額に、国が若干の上乗せをしてくれるのです。単なる退職積立金と考えても、有利な制度です。

Q 退職金は会社が独自に積み立てておくことはできないのですか？

A 会社が自分で積み立てることもできますが、その積立金は経費として差し引くことができません。現在、日本の税法では、退職金のための引当金は認められていないのです。

退職したときに、従業員に退職金を払うように就業規則で決められている企業、退職金の支払い慣習がある企業の場合は、従業員に対して退職金の支払い義務が生じます。

退職金は、企業にとって潜在的な債務といえるのです。

しかし企業が退職金のためにお金を積み立てても、それは会計上損金とできません。つまり、企業は従業員の退職金を払う債務を負いながら、それを損金として積み立てておくことができないのです。税金を払った後の利益部分を積み立てるしかないのです。これは企業にとっては痛いことであり、日本の税制上の欠陥だともいえます。

Q 中小企業退職金共済制度に加入すれば、どういう形で退職金を積み立てることができるのですか？

A 社員一人あたりに毎月いくらかずつ積み立てるという形になります。

たとえば、中小企業退職共済を使って一人あたり月3万円を積み立てていたとします。これは会社の経費に計上することができますので、毎年社員一人あたり36万円の損金（経費）計上ができます。20年後には利子も含めるとだいたい800万円に、30年後には1200万円くらいになっているのです。それだけの備えがあれば、社員が退職したときに慌てなくてすむでしょう。

Q 中小企業退職金共済制度は前納などはできますか？ 前納が可能な場合、税法上の取り扱いはどうなりますか？

A 中小企業退職金共済制度は、1年間の前納が可能です。

また前納した場合は、前納金の全額を前納した事業年度の経費に計上できます。だから期末に1年間前納すれば、期末になってからの節税策ともなります（ただし、一度前納すれば、その後もずっと前納しなければなりません）。

Q 中小企業退職金共済制度は、一部の社員の分だけを積み立てることは可能ですか？

A ダメです。

原則として、全従業員に掛けなければなりません。

Q 経営者の退職金を積み立てることもできますか？

A 残念ながら経営者の退職金を積み立てることはできません。

経営者や役員、家族従業員は、加入することができないので、経営者の資産形成のためには使えません。経営者や役員などの退職金の積み立てには、122ページでご紹介した「小規模企業共済」などを利用してください。

中小企業退職金共済制度の概要

●加入資格

資本金5,000万円以下（製造、建設業は3億円以下、卸売業は1億円以下）の企業であれば、どこでも加入できます。

●掛け金

従業員一人あたり月5,000円から3万円までであり、その間の増額は自由にできます（ただし減額は、理由が必要）。特例としてパートタイマーなどには、一人あたり月2,000円から4,000円の掛け金もあります。

●解約条件

全従業員が解約を認めたとき、もしくは厚生労働大臣が掛け金を払い続けられる状態ではないと認めたとき。

中小企業退職金共済制度本部
〒170–8055
東京都豊島区東池袋1-24-1
電話：03–6907-1234

第5章

中小企業こそ「開発費」「宣伝費」を使いこなそう

研究開発費は最強の節税アイテム

【対　象】
会社全般
個人事業者

Q 経費を増やすアイテムとして、「研究開発費」というものがあると聞いたのですが、これはどういうものですか？

A 研究開発費というのは、新しい商品の開発や新しい事業、新しい顧客を開拓するために使われる費用のことです。

企業（法人、個人事業者）では、少しでも事業に関わるものであれば、経費にすることができます。

そして、「事業に関わる」ということは、「直接関わること」だけではないのです。

間接的に事業に関わることでも、経費にすることはできるのです。

Q それは研究室や実験場などをつくって商品のテストをする、シンクタンクなどを使ってマーケティングをするというような感じでしょうか？

A いいえ、決してそう大げさなものばかりではありません。

大企業が巨額の費用をかけて研究・実験をしたり、シンクタンクを使ってリサーチすることも確かに、研究開発ではありますが、それだけではありません。

商店街をうろついてみたり、新商品のヒントになりそうなものを購入してみたりすることも、十分、研究開発費になります。

仕事や製品化のヒントとなるような、ちょっとしたことへの支出なども研究開発費になるのです。

たとえばマーケティングのために、若者向けの雑誌を購入したとします。これも、研究開発費としてまったくおかしくはないのです。それと同様に、いろんな商品を購入したり、いろんなサービスを受けることによって、新しい事業のヒントを探す、そういうことも開発費として計上することができるのです。

この研究開発費をうまく使えば、節税の範囲がぐっと広がります。というより、世の中のあらゆる支出は、研究開発費に計上できる可能性があるのです。

Q それは、今の事業とは関係ないものでも大丈夫ですか?

A 大丈夫です。

今現在の業務とは関係のない分野であっても、研究開発費は計上することができます。

今の事業とまったく関係のない事業を始めるということは、事業家にとってはよくあることです。そして新しい事業を始める場合は、当然のことながら事前準備が必要になります。

そういう新しい事業の準備のための費用も、開発費として計上できるのです。

だから、今はやっていないけれど、将来こういう事業を始めたい、と思っている場合、その新しい事業の下調べ的な費用は、すべて研究開発費にできるのです。

研究開発費は中小企業でも計上できますか？

【対象】会社全般　個人事業者

Q 大企業は多額の研究開発費を使っていると聞きますが、中小企業でも研究開発費を計上することはできますか？

A もちろん可能です。

研究開発費はむしろ中小企業の場合は、経費に対する機動力は高いはずなので、儲かった年には、研究開発費をガンガン使って節税をし、将来に備えるということが可能なのです。

Q 研究開発費を支出するためには、特別な書類の提出などは必要ありませんか？

A ありません。

研究開発費に該当していれば、普通に経費計上できます。

マーケティングのためにキャバクラに行きました

【対　象】
会社全般
個人事業者

Q 金型をつくっている町工場を経営しています。事業の多様化のために、女性のアクセサリーをつくりたいと思っています。

若い女性のファッションや嗜好について研究したいので、キャバクラに行きました。

この費用は、会社の研究開発費として計上できますか？


A できます。

本当に研究開発のために行ったものであれば、会社の研究開発費として計上しても差し支えありません。

実際にキャバクラやバーなどに、ビジネスのヒントが隠されていることは多々あります。それを活用するということは、ビジネス手法の一つなのです。

こういうふうに見ると、研究開発費は、無限に広がるわけです。いろいろ応用すれば、自分のさまざまな支出が事業の経費として計上できるのです。

資金繰りに大変な中小企業こそ、儲かっているときには、この節税策を使うべきでしょう。

ただし、これは、「本当に開発をしている」場合にのみ適用できるものです。開発をしている体で、実際はただ遊んでいるだけだったりすれば、不可です。

Q 新しい事業の研究のために費用を使った後、結局、その新しい事業を断念した場合は、どうなりますか？

経費計上したものを取り消さなくていいのですか？

A 研究開発費として支出した分野で、その後まったく進展しなくても、経費としては別に問題ないのです。

新商品を開発しようとして途中で断念するケースはいくらでもあります。途中で断念したからといって、それにかかった経費を計上できないというようなことはありません。失敗も含めて「研究開発費」なのです。

Q 研究開発費として認めてもらうためには資料などを用意しておく必要がありますか？

A 何かの資料を残さなければならないなどの義務はありません。「研究開発のために費消したという事実」があれば大丈夫です。

ただし税務署から下手に腹を探られないために、研究開発の意図や経過などの記録は残しておいた方がいいでしょう。

また領収書はもちろん取っておいた方がいいです。

フィギュアを買いました

【対象】
会社全般
個人事業者

Q 私はWEBデザイナーの仕事をしていますが、先行きが不安なためネットの通信販売事業を始めようと思っています。

どういう商品を取り扱えばいいのかの研究のために、ネット通販を利用していくつかの商品を購入しました。

私は趣味がアニメのフィギュアであり、これならば商品知識もあるので、この分野を第一候補に考えています。そして試しに何体か購入しました。

これは経費として計上できますでしょうか？

A この費用も、研究開発費として計上できます。

もし、研究の段階で「ダメだ」ということになり、取りやめになったとしても、費用は経費として支出していいのです。

ギターを買いました

【対　象】
会社全般
個人事業者

Q 私はフリーの編集者をしていますが、趣味の音楽を活かし、ギター関係のネット通販ができないものかと模索しています。そして、参考のためにネットでギターを購入しました。

このギターは経費にできるでしょうか？

A できます。

そのギターが新しい事業の参考として購入されたものであれば、開発費として経費計上して問題ありません。

Q もし事業としては成り立たないとしてあきらめた場合、そのギターはそのまま持ち続けてもいいのでしょうか？　また経費からその分の除外などをしなくていいのでしょうか？

A その新規事業をあきらめたとしても購入したギターの購入費を経費から取り消す必要はありません。そのまま持ちつづけていても問題はありません。

Q そのギターを売ってしまった場合はどうすればいいでしょう？

A そのギターを売却したならば売却代金は、収入に計上しなくてはなりません。経費で購入したものを売却したならば、その代金は必ず収入に上げなくてはなりません。

Q もしギターを売った際の収入を計上しなかった場合は、どうなりますか？

A ギターを売った際の収入の売上が税務署に見つかった場合、「収入除外」として追徴課税が課されます。収入を除外する行為は、税務の中でもっとも悪質なものとされており、追徴税が35％増しとなる「重加算税」を課せられる可能性もあります。

地下アイドルのライブに行きました

【対　象】会社全般 個人事業者

Q 私は印刷会社を経営しています。

地下アイドルに興味があり、地下アイドルのグッズなどを受注できないものかと考えています。しばしば地下アイドルのライブに行き、運営の方などと知り合いになろうと思っています。

このライブ費用は経費で落とせますか？


A 落とせます。

新しい商品開発、新しい顧客の開拓のために使われた費用は、開発費として経費に計上できることになっています。

地下アイドルは、さまざまなグッズを売っており、またさまざまなビジネスを展開していることも多いので、ビジネスのヒントにもなりうるものです。

Q 経費に計上する際に、商品開発計画書などはつくらないでいいのでしょうか？

A 商品開発計画書などがなくても、「新しい顧客開拓のために地下アイドルのライブに行った」という事実さえあれば、ＯＫです。

しかし、税務署から余計な疑いをかけられるのも面倒ですし、何らかの資料等は用意しておいた方がいいでしょう。

Q 行く回数に制限などはありますか？

A 特に制限はありません。

必要であれば何回行っても構いません。

ただ社会通念に照らし合わせて、あまりに多すぎる場合は不可です。しかし、これも「多すぎる」という基準は曖昧です。もし通った回数に見合うだけのビジネス的なメリットが得られていればＯＫということになります。

映画を見ました

【対　象】
会社全般
個人事業者

Q 私は映画が趣味で映画館によく行きます。映画の中から仕事のヒントになることが見つかることも多々あります。
この映画鑑賞費用は経費で落とせますか？

A 基本的には落とせます。
ビジネスに役に立っているのであれば、研究開発費として計上することができます。
ただ映画の場合は、純然たる趣味ということも多く、ビジネスとの結びつきを証明しにくい分野でもあります。

Q 映画に行く回数に制限はありますか？

A 特に制限はありませんが、社会通念上、あまりに回数が多く「単なる趣味でしかない」と見られる場合は、不可となることもあります。

Q ビジネスに役に立っていることを証明する書類などを残さなくてはなりませんか？

A 本人がビジネスに役に立っているというのであれば、それが尊重されるのが現在の税法です。

だから特に何かの書類を残さなくてはならない義務はありません。

しかし、税務署との余計な摩擦を避けるために、「どういう目的でこの映画を観たのか」「映画のどういう部分がビジネスの役に立ったのか」などの記録を残しておいた方がいいでしょう。

開発費は一括して経費で落とせますか？

【対象】会社全般　個人事業者

Q 開発費は、会計規則では繰延資産にすることになっていますが、税務上どうなっていますか？

一括して経費で落とせますか？

A 開発費というのは、会計上は、繰延資産にしなければなりませんが、税務の上では、一般管理費として計上していいことになっています。

工業製品の試作品など明らかな工業化費用は、繰延資産に計上しなければなりませんが、そうではないマーケティング費用やその他の費用などは普通に一般管理費として、その年のうちに一括して計上して構いません。

食べ歩きをSNSに載せています

【対　象】会社全般　個人事業者

Q 私はコーヒー豆店を経営していますが、店のSNSをつくっています。SNSでは店の宣伝をしたりしていますが、それだけではおもしろみがなく、アクセス数も増えないので、自分の趣味である「食べ歩き」の様子を載せたりもしています。この食べ歩きなどの費用は、経費で落とせますか？

A いくつかの条件をクリアしていれば落とすことができます。

一つは、そのSNSが店の宣伝になっているかどうかということです。単なる趣味のSNSであってはダメということです。

基本的には、まず「店のSNS」であった方がいいでしょう。もちろん、店の宣伝を前面に出さずにアクセスを集め、間接的に店の宣伝をするという方法もあります。

そのため必ずしも店の宣伝がいつも前面に出ている必要はありません。が、店のことにあまり触れなかったり、見た感じと店との関係性がほとんどわからないような場合は不可ということです。

また次に、継続的にきちんと運営されているという条件を満たさなければなりません。食べ歩きをしたときだけSNSを更新するというような、いい加減な運営ではダメです。それでは食べ歩きのためにSNSを更新しているだけ、ということになりますので。

SNSを日常的に管理し、アクセス数を増やす方法の一つとして食べ歩きをしているという形にしなくてはなりません。

そして、広告宣伝費として合理的な算出をしている必要があります。

たとえば、「ホームページの作成と運営を業者に任せれば、○○円くらいの費用がかかる。またアクセスを増やすための費用は□□円くらいかかる」などの下調べをして、その金額を根拠にして広告宣伝費を割り出し、その費用分を店のSNSの運営費として支出するという形を取るのです。

ちなみに、ツイッターの場合、業者に広告宣伝を依頼すれば、1フォロワー1ツイートあたり3円~8円が相場となっています。だから、1000人のフォロワーに対して一回宣伝すれば3000円~8000円の広告宣伝費がかかることになります。

そういう数字を根拠にして、自社のSNSでの広告宣伝効果を算出し、その範囲内での食べ歩き費用などを広告宣伝費として経費に計上するのです。

食べ歩きなどは、「単なる趣味じゃないか」として税務署が突っ込む可能性が高い分野です。また社会通念上も「単なる趣味ではないか」と認識される恐れがあります。

だから広告宣伝としての費用を合理的に割り出し、そのお金を使って自分でＳＮＳの運営と集客をしているという形にするのです。

条件を整理すると次の三つになります。

・ＳＮＳが店の宣伝としてつくられていること
・ＳＮＳがきちんと管理運営されていること
・使われている費用が広告宣伝費として合理的に割り出されていること

Q　この三つの条件を満たすのは義務ですか？

A　特に義務として定められているわけではありません。

ただ食べ歩きなどの場合は、税務署に目を付けられやすいですし、世間的にも疑念を持たれる経費なので、客観的な証拠を残しておいた方がいいということで、この三つの条件を挙げさせていただきました。

Q この三つの条件を満たしていれば必ず経費として認められるのですか？

A 必ず認められると法律に明記されているわけではありませんが、事実上、税務署がこれを覆すことは難しいはずです。

他社に依頼した場合にかかる費用をかけて、自分で行うということであり、実際に「広告宣伝」としての性質を持っているのであれば、税務署がこれを否認するのは難しいのです。

一定の客観的根拠によって計上されている広告宣伝費を否認するためには、さらに客観的な根拠が必要になるからです。

広告宣伝費とは何ですか？

【対　象】
会社全般
個人事業者

Q 食べ歩きの費用を広告宣伝費で落とすこともできるそうですが、そもそも広告宣伝費とは何ですか？

A 広告宣伝費というのは、事業者が広告宣伝のために使う費用すべてのことです。

Q 中小企業、零細企業でも、広告宣伝費を出すことはできますか？

A もちろんできます。

Q 具体的にいえば、どういうものが含まれるのでしょうか？

A わかりやすいものでは、テレビCMや雑誌、新聞などへの広告があります。最近ではネットでの広告が非常に増えています。ネットの場合は、単にバナー広告を出すだけじゃなく、ネット記事として出すことも多いです。

そのほかには、祭事や催しものの後援をするということもあります。

Q ではSNSも宣伝広告の媒体として認められているのですか?

A もちろんそうです。

むしろSNSは、ほかの媒体に比べて広告効果は高いといえます。

SNSの閲覧者やフォロワーと、直接やり取りする機会も多く、顧客になってくれやすいものです。

SNSをうまく使って知名度を上げている企業もありますし、企業の営業担当者の方などが個人のSNSをうまく使って顧客を増やしているケースも多々あります。

第6章

期末にできる節税対策

期末の経理処理は要注意

【対　象】
会社全般
個人事業者

Q よく「税務署は期末の経理処理にうるさい」ということを聞きます。
これはどういうことですか？

A 事業者の方は、なるべく税金を払いたくないのですが、日頃はあまり節税を心掛けていません。そのため期末になって、かかってくる税金が見えてきてから〝慌てて節税〟をすることが多いのです。そして〝慌てて行う節税〟というのは、無理があるものが多く、税務署はそれを厳しくチェックするということです。

Q 〝無理がある節税〟とはどういうことですか？

A 脱税まがいの行為や、脱税につながるような行為です。
たとえば、まったく架空の経費を計上したり、売上の一部を抜いたり、です。
また、ここまで悪質ではなくても、よくあるのが、本当は期末の売上なのに一部を翌期にずらすことです。今期の売上を翌期に先送りすることで、とりあえず今回の税金は安くしておこうということです。

Q 今期の売上を翌期の売上にずらすだけでもダメなのですか？翌期にずらせば、翌期の売上が大きくなり、税金にも反映されるので、それほど問題ないのではありませんか？

A 今期の売上は今期に計上し、今期払うべき税金は今期に払うというのが、原則ですので、期をずらすことは許されていないのです。
また売上の期をずらすために、領収書などの日付を書き換えたりすれば、「税金を逃れるために偽造をした」ということになり、重加算税を課せられることもあります。

Q 重加算税とは何ですか？

A 重加算税とは、税務調査などで不正行為が発見された場合に課せられる加算税です。税率は逃れた税金の35％です（無申告重加算税は40％）。

Q では我々は何に気を付ければいいのですか？

A 期末の経理処理に関して、税務署は厳しくチェックをするということを肝に銘じて、期末に関しては特に注意するということです。

Q 期末には節税をしてはならない、ということですか？

A いいえ、そうではありません。

期末にできる節税策もたくさんありますので、それを「正しく使う」ということです。

ということで、この章では、期末に使える節税策を紹介していきます。

期末に大量にパソコンを買いました

【対　象】
会社全般
個人事業者

Q わが社では、今期は業績がよく、このままではかなり税金がかかることが予想されたため、社員全員分のパソコンを新しくしようと思い、期末に9万円のパソコンを10台買いました。

これは、全部経費にできますしょうか？

A できます。

期末内にパソコンがすべて納入されていれば、その期で一括して経費に計上できます。ただし10万円以上の固定資産の場合は、一括して経費に計上できず、減価償却しなくてはなりません。だから、10万円未満に収まるように気を付けなくてはなりません。

期末に10万円を超えるパソコンを買いました

【対象】
中小企業
青色申告の個人事業者

Q 期末に10万円を超えるパソコンを買いました。これは一括して経費に計上できますか？

A 条件つきですができます。

普通、10万円以上の固定資産を買った場合、資産として計上し、耐用年数に応じて減価償却しなければなりません。

しかし、青色申告をしている中小企業の特例として、30万円未満の固定資産を購入した場合、全額を経費として処理していいことになっています。

これは、「中小企業者等の少額減価償却資産の取得価額の損金算入の特例」と呼ばれるもので、中小企業が設備投資をしやすくするためにつくられた制度です。

中小企業は、これを使わない手はありません。中小企業の期末の節税策の大きな柱の一つといっていいでしょう。
期末に利益が出そうなときには、30万円未満の固定資産を買いまくるわけです。
この特例の対象となる中小企業というのは、次のような要件になっています。

・資本金の額又は出資金の額が1億円以下の会社
・資本又は出資を有しない会社の場合は、常時使用する従業員の数が1000人以下の会社
・青色申告をしている個人事業者、会社

Q この特例は個人事業者も使えますか？

A 青色申告をしていれば使えます。

Q この特例は、30万円未満の固定資産を無制限に買うことができるのですか？限度額はないのですか？

A 限度額は300万円となっています（開業・開店が1年未満の場合、25万円×月数が限度額）。

この特例の適用となる固定資産の合計額が300万円を超えたときは、300万円に達するまでの資産が対象となります。

Q この特例はいつでも使えるのですか？

A 残念ながら、この特例は時限的なものです。

現在のところ、令和2年3月31日までが期限となっています。

ですが、この特例は今まで何度か期限が来ましたが、ずっと延長されてきているので、今後も延長される可能性はあります。

企業が固定資産をたくさん購入するということは、景気回復にもつながります。また現行の税法（10万円以上の固定資産は減価償却しなければならない）は、あまりにも厳しすぎます。しかし、もしかしたら、令和2年で廃止されてしまうかもしれないので、今のうちにしっかり活用したいものです。

期末後に届いた商品はいつ経費に計上するか？

【対　象】
会社全般
個人事業者

Q 期末に新しいパソコンを買おうと思っています。

わが社の決算期は3月31日なのですが、3月31日までに注文だけをしておいて、商品が届くのは翌期なった場合、今期の経費に計上していいのですか？　それとも翌期の計上になりますか？

A 翌期の計上になります。

ものを購入し、それを経費に計上できる時期というのは、原則として、「ものが届いた日」が基準となります。

「ものが届いた日」が翌期ならば、翌期の経費に計上することになります。

だから、期末に物を買って経費を増やそうと思っている場合は、その決算期内に商品が届くように注文しなければなりません。

期末に建物の修繕をしました

【対　象】
会社全般
個人事業者

Q わが社では今期はかなり業績がよかったので、期末にオフィスの建物の修繕をしようと思っております。

壁などがかなり傷んでおり、その部分をきれいにしたいと思っております。

これは一括して今期の経費に計上できますでしょうか？

A 一括して経費に計上できるかどうかは、修繕の内容やかかった金額によって違ってきます。

Q どういう修繕内容であれば一括して経費に計上できるのですか？

A 単なる「修繕」であれば、修繕費として一括計上できます。
しかし、修繕することによって、その建物の資産価値が上がるような場合は、「資本的支出」といって、一括して経費計上できず減価償却をしなければなりません。

Q 「単なる修繕費」と「資本的支出」の違いは何ですか？

A 修繕費となるか、資本的支出になるか、という点について整理しますね。

修繕費で難しい点というのは、建物などを修繕した場合、その資産の価値を高めてしまうケースが多いということです。

たとえば、お尋ねのような壁の修繕をするときに、壁を張り替えたりすれば、損傷部分を回復するだけではなく、建物自体の価値も高まってしまいます。それは、修繕費で全額計上させるわけにはいかない、ということなのです。

修繕することで、原状回復以上にその資産の価値を高めることを「資本的支出」というのです。資本的支出というと何やら難しい感じがしますが、要は、「修繕などのときに、修繕する以上に物の価値を高めたときの費用」ということです。

修繕費と資本的支出の線引きとして、次のように定められています。

❶一回の支出が20万円未満のものは、修繕費か資本的支出かにかかわらず、すべて修繕費となる。

❷3年以内の周期で行われるものは、修繕費か資本的支出かにかかわらず、すべて修繕費となる。

Q 修繕費か資本的支出か、よくわからない場合は、どうすればいいのですか？

A 修繕費か資本的支出か明確でない場合は、次のように定められています。

(イ) 60万円未満ならばすべて修繕費である

(ロ) 前期末の取得価額の10％以下の支出はすべて修繕費とする

つまり傷みのある固定資産などを修繕した場合、60万円までなら、修繕費としてすべてその年の経費とできます。だから、期末に60万円未満の固定資産の修理を行えば、節税対策になるのです。

60万円というとけっこう大きいものです。これをいくつか行えば、簡単に1００～２００万円くらいの経費を積みあげることができます。

Q 修繕費が60万円を超える場合、修繕費として一括計上するには、どうすればいいですか？

A 60万円を超える支出であっても、「原状回復」のみだったという事実があれば、修繕費として一括計上できます。

その場合、「現状がどうだったのか」「修理の内容」などを記録しておいた方がいいでしょう。

ただし、原状回復については、そう難しく考える必要はなく、壊れたもの、破損したものを修繕する場合は、原状回復と考えていいでしょう。

いらない資産を処分して経費計上する

【対　象】
会社全般
個人事業者

Q わが社には、もう使っていない機械がありますが、この機械は耐用年数が長いために、まだ減価償却が終わっていません。この機械を処分すれば、減価償却の残額は全部、経費として計上することができますか？

A できます。

会社が保有している固定資産の中には、もうほとんど使っていないものも多いものです。これを思い切って捨てたり、買い替えれば、節税になります。

前述しましたように、固定資産というのは、購入代金を一括して経費にできずに、耐用年数に応じて減価償却していくことになっています。

まだ減価償却が終わっていない固定資産、つまり「未償却残高がある固定資産」を処分すれば、減価償却をしていない分を一括して損金（経費）計上できるのです。

たとえば、100万円の残存価額のある製造機械を処分したとします。そうすれば、その年に100万円の「固定資産除却損」を計上することができるのです。

Q 機械を処分するときにかかった処分費用も一括して経費に計上できますか？

A 処分するときにかかった費用も一括して経費に計上できます。

Q 機械を処分するとき、業者に売却した場合、その代金は収益に計上しなくてはなりませんか？

A しなければなりません。

もし、その機械の未償却残高よりも低い金額で売却した場合は、残存価額との差額が「固定資産除却損」として経費に計上できます。

もし、その機械の未償却残高よりも高い金額で下取りされた場合は、その差額分を逆に「固定資産売却益」として収益に計上しなければなりません。

Q 中古の機械を業者に下取りさせたような場合、その代金は税務署も気づかないと思うので、わざわざ収益に計上しなくてもいいのではないでしょうか？

A ダメです。

固定資産の売却というのは、通常の事業取引ではありませんので、経営者としては、「これくらい抜いたって税務署には見つからないだろう」と思うのでしょう。

しかし、税務署はそういう経営者の意図は、重々承知しています。だから、会社が固定資産（機械など）を処分しているような場合、その固定資産をどういうふうに処分したか詳しく調べるものなのです。

そして固定資産売却益といえども、「隠蔽」していれば、不正とみなされ重加算税の対象となります。くれぐれも「これくらいは見つからないだろう」などとは思わないことです。

在庫を少なくして税金を安くする

【対　象】
会社全般
個人事業者

Q 在庫の額を少なくすれば税金が安くなると聞いたのですが、これはどういうことですか？

A 棚卸資産（在庫）というのは、事業者の税金を決定する大きな要因となります。法人税や所得税は、その事業の利益にかかってくるものですが、その利益は次のような図式で算出されます。

売上 － 経費（仕入など） ＋ 在庫（仕掛品など） ＝ 利益

この図式をよく見てください。

売上から経費を引くっていうのは、わかりますよね？

経理初心者の方にわかりにくいのが、在庫を足すということです。

なぜ在庫を足すのかというと、その年の利益というのは、その年の売上からその年の経費を引いたものになるわけです。

在庫というのは、その年に売れ残ったものであり、翌年以降の売上に反映するものなので、その年の経費から除外しなければならないのです。

逆にいえば、在庫の額が少なければ経費が大きくなります。その分、税金が安くなるというわけです。

Q 在庫を恣意的に少なくすることができるのですか？

A できます。

もちろん不正をして（在庫票を書き換えるなど）在庫を少なくすることは、できません。が、納税者の有利な在庫の計算をして、在庫を少なくすることはできます。

在庫の価値というのは、計算方法によって変わってきます。

在庫は仕入れたときよりも価値が下がったりすることもあります。また稀に上がることもあります。だから、在庫の計算の仕方を、仕入れ時で換算するのか、決算期の時価とするのかでも、在庫の価額は大きく変わってきます。

つまり在庫というのは、計算の仕方によってその価額が大きく変わってくるのです。

もちろん、在庫の計算方法は、商法や税法によって定められています。が、計算方法はいくつかの中から、各企業が選択することが認められており、その選択方法によって、在庫の価額が変わってくるのです。となると、自社に有利な在庫の計算方法を選択することが、節税にもつながるのです。

ただし在庫の価額を少なく計上した場合、今期の税金は減りますが、翌期にはその分が加算されることになり、長い目で見れば節税にはなりません。しかし当座の税金を少なくすることも企業にとっては重要なことなので、知っていて損はないはずです。

Q 在庫の計算方法には、どのようなものがあるのですか？

A 在庫の評価方法には「原価法」と「低価法」というのがあります。

在庫を購入した際の価格をそのまま用いるのが「原価法」、現在の時価と原価を比較して、低い方を採るのが「低価法」です。

どちらの方法が評価額が低くなるかといえば低価法です。低価法は、原価と時価とを比べて低い方を選択するので、時価と原価のどちらかが高くても、有利なのです。

なので、棚卸資産評価法は低価法を採用するのがベストだといえます。

低価法のやり方を具体的にいえば、まず原価法により、原価での在庫額を算出します。そして、時価での在庫額を算出します。その二つを比較して低い方を在庫の額として計上するのです。

だから手順としては、

①原価法で在庫額を算出する
②時価法で在庫額を算出する
③原価法と時価法を比べて低い方を決める

という三つの過程を踏むことになります。

時価法というのは、現在、仕入れ先などから販売されている価額を基準にすれば、すぐに出すことができます。

しかし原価法にも六つの方法があります。次のとおりです。

❶個別法
❷先入先出法
❸総平均法
❹移動平均法
❺最終仕入原価法
❻売価還元法

事業者は、この六種類の中で、自分（自社）にもっとも有利なものを選択することができるのです。その上で、時価と比較し、低い方を採ることができるのです。

Q 低価法を採るには届け出が必要ですか？

A 低価法を選択するには、事業年度が始まるまでに管轄の税務署長に届け出を出す必要があります。

評価方法を税務署長に届け出ていない場合は、最終仕入原価法での原価法で在庫の評価をすることになっています。この最終仕入原価法というのは、その事業年度の最後に仕入れた価額を元に、在庫の評価を行うという方法です。

最終仕入原価法での原価法よりも、低価法を選択した方が有利なので、ぜひ届け出を出しておきたいものです。

Q 棚卸資産の評価方法を頻繁に変えることはできますか？

A 原則としては、一度選択した棚卸資産の評価方法は、継続して使わなければなりません。一度選択した棚卸資産の評価方法は3年経てば変更申請を出すこともできますが、この変更申請は合理的な理由がなければ認められません。

そのため最初の届け出を出すときには、慎重に行いたいものです。

売れなくなった商品を損切りしたい

【対　象】
会社全般
個人事業者

Q うちは服の小売店をしているのですが、もう売れなくなった商品がけっこうあります。捨てるにはもったいないのですが、在庫として残っている金額と、実際の価値が開きすぎており、どうにか「損切り」できないものかと思っています。損切りするような方法はありますか？

A あります。

在庫商品は、一定の条件をクリアしていれば、在庫価額を引き下げることができるのです。

在庫商品や在庫原料などの現実の価値が、帳簿上の価値よりも明らかに下落している場合には、その差額を「損」として計上できるのです。

評価損が計上できる主な要件は次のとおりです。

・いわゆる季節商品が売れ残ったもので、これまでの値段では販売できないことが実績などから明らかなもの
・新しい商品が販売されたために、型落ち、流行おくれとなって、これまでの販売ができなくなったもの
・型崩れ、たなざらし、破損などで、商品価値が劣化したもの

Q この条件に該当するかどうかは、何を基準に判断すればいいのですか？

A これらの条件には、実はいずれも明確な基準がありません。

国税庁の通達では、単なる過剰生産、建値の変更だけでは評価損は計上できない、とされていますが、ではどの程度で「単なる過剰生産、建値の変更」を超えるのか、という線引きについては明示していません。

となると、こういう場合の経理処理は、納税者側がまず判断し、その判断が明確に間違っているときにのみ、国税側が指導修正するということになります。

なので、納税者側は最初から遠慮する必要はないのです。過去の実績から見て、季節はずれなどで明らかに今までの値段では販売できないような場合は、積極的にこの棚卸資産

評価損を試みるべきだと筆者は思います。

国税側がこれを修正する場合は、よほど明確な証拠がなければできないものです。だから、納税者側は、自分で条件に合致していると思えば、どんどんこの方法を使うべきだといえます。

Q 棚卸資産評価損をした商品は売値も変えるべきでしょうか？

A 当然、変えるべきでしょう。

価値が下がったとして、棚卸資産評価損を計上するわけですから、売値がそのままでは「評価は下がっていないじゃないか」という話になります。

また逆にいえば、売値を下げざるを得ない商品については、棚卸資産評価損を計上できる可能性が高いということです。価値が下がっているという客観的な証拠になりますので。

貸倒引当金を使えば帳簿上だけで税金が安くなる

【対　象】
中小企業
青色申告の個人事業者

Q 中小企業は「貸倒引当金」という経費が計上できると聞いたのですが、これは一体何ですか？

A 貸倒引当金というのは、貸倒に備えて、ある程度の金額をプールしておき、そのプールするお金を経費として計上できるという制度です。

貸倒があった場合はそのプールしたお金「貸倒引当金」から補填します。貸倒がなかった場合は、そのプールした「貸倒引当金」は翌期の利益として加算します。

Q 貸倒引当金が使える中小企業とは、具体的にどういう企業ですか？

A 資本金1億円以下の中小企業、銀行、保険会社、リース債権のある会社です。

Q 貸倒引当金に計上できる金額はいくらまでですか？

貸倒引当金は、期末に残っている債権等に、法定繰入率をかけて算出する方法と、債権の危険度を個別に評価して算出する方法があります。

債権の危険度を個別に評価して算出する方法は、非常に複雑な計算を要し、中小企業が導入するのは現実的ではないので、ここでは省きます。もし貸倒傾向の非常に強い事業を営んでいる方は、税理士もしくは税務署に相談をしてみてください。

ここでは、法定繰入率による簡易な貸倒引当金設定法をご紹介します。

現在の法定繰入率は次のようになっています。

卸売業及び小売業	10／1000
製造業	8／1000
金融及び保険業	3／1000
割賦販売小売業及び信用購入あっせん業	13／1000
その他	6／1000

たとえば、期末に債権が2000万円ある小売業の会社では、次のような計算式になります。

債権2000万円 × 法定繰入率（小売業10／1000） ＝ 20万円

ということで、貸倒引当金は20万円になります。この20万円を、事業の経費（損金）として算入できるのです。

つまり、実際にはお金はまったく出ていないのに、20万円分利益を減らすことができるのです。この20万円は、翌年に貸倒があれば、その補塡にあてられることになります。

Q 貸倒引当金よりもたくさんの貸倒があった場合はどうすればいいですか？

A 貸倒が生じた場合は、まず引当金があてられます。が、貸倒が多すぎて、引当金だけでは充当できなかった場合は、さらに貸倒損失として、特別損失（経費）で計上されます。

たとえば、ある会社が貸倒引当金を50万円計上していて、100万円の貸倒があったとします。

その場合の経理処理は次のようになります。

貸倒100万円 － 貸倒引当金50万円 ＝ 特別損失50万円

そして、このケースの場合は、貸倒引当金を使ってしまっているので、その年度末にはさらに貸倒引当金を設定することができます。

Q 貸倒引当金の対象となる債権にはどういうものがありますか？

A 貸倒引当金の対象となる債権とは、次のとおりです。

❶売掛金、貸付金

❷未収の譲渡代金、未収加工料、未収請負金、未収手数料、未収保管料、未収地代家賃等又は貸付金の未収利子で益金の額に算入されたもの

❸立替金

❹未収の損害賠償金で益金の額に算入されたもの

❺保証債務を履行した場合の求償権

❻売掛金、貸付金などについて取得した受取手形

❼売掛金、貸付金などについて取得した先日付小切手

❽延払基準を適用している場合の割賦未収金等

❾売買があったものとされる法人税法上のリース取引のリース料のうち、支払期日の到来していないもの

❿工事進行基準を適用している場合のその工事の目的物を引き渡す前の工事未収金

これを見ると、ほとんどすべての債権は対象になるといえます。

Q 貸倒引当金を経費に計上しても、貸倒がなかった場合は、その全額を翌期の利益に加算しなければならないのでは、節税にはならないのではないでしょうか？

A 確かに長い目で見ると、損益はそれほど変わりません。

しかし今まで貸倒引当金を使っていない企業が、初めて使ったときには、貸倒引当金が丸々、経費に上乗せできることになります。

だから、今まで貸倒引当金を使っていなかった企業は、ぜひ使いたいものです。

これは机上の計算だけで、かなり大きな金額を経費として計上できる上に、実際にはお金は動かない（出ていかない）という、魔法のような節税策なのです。

この貸倒引当金は、決算が終わったあとでも、設定することができるのです。ほぼ唯一の「決算期後でもできる節税策」といえるでしょう。決算が終わったあと、予想以上に税金が出たことに気づいたような場合、有効に使いたいものです。儲かった年に、緊急避難的に貸倒引当金を使って一時的に税金を安くするということもできるわけです。

債権放棄をせずに不良債権を経費計上する

【対象】会社全般　個人事業者

Q わが社では、返済される可能性が非常に低い売掛金がいくつかあります。
債権放棄まではしたくないのですが、この売掛金を特別損失などで経費として計上することができないでしょうか？

A できます。

事業をある程度、継続してやっていると、事実上、回収不能になっている売掛金や貸金というものが生じることがあります。いわゆる「不良債権」です。

この不良債権を処理すると節税になります。

儲かっているとき、税金が多くかかりそうな年にこそ、不良債権は処理されるべきなのです。

具体的にいえば、売掛金や貸付金の中で、もうほとんど回収の見込みのないものがあれば、それを貸倒処理して、特別損失を計上するのです。

回収の見込みのない債権を貸倒計上するには、債務者が債務超過に陥っていたり、会社更生法の適用を受けていたり、などの要件が必要です。

しかし、中小企業の場合は、相手先の決算書を取り寄せるのは難しいし、会社更生法の適用などを受けている会社も少ないものです。

そこで、法人税法の基本通達では、一定の要件を満たす、事実上、回収不能となった債権については、貸倒損失が計上できることになっています。

一定の要件というのは、「売掛金などの返済が滞って、取引を停止した相手が、1年以上、弁済をしていない場合」です（ただし担保がある場合は除きます）。

この場合、備忘価額を計上し、売掛債権の額から控除したその残額を貸倒処理することになります。備忘価額というのは、債権を持っているということを忘れないために帳簿に記しておく金額で、1円でいいことになっています。

Q それは債権放棄になるのではないでしょうか？

A なりません。

貸倒損失を計上したからといって、債権を回収する権利がなくなるわけではないのです。だから、もし相手の経済事情が好転した場合や、居所不明になっていた相手の居所がわかったような場合は、債権を回収することもできるのです。

不良債権を処理することは、企業の健全化にもつながるので、業績がいいときにはぜひ行いたいものです。

第7章

仕送り、保険、自然災害で税金を安くする

親に仕送りをした

【対　象】あらゆる人

Q 私には、地方に住む両親がおります。両親は年金生活をしていますが、年金だけではかなり厳しいために親に仕送りをしています。

この仕送りのお金は経費で落とすことができますか？

A 事業の経費で落とすことはできませんが、個人の所得税、住民税で控除を受けられる可能性はあります。

個人の所得税、住民税には「扶養控除」という控除が認められています。扶養控除というのは、家族、親族などを扶養したときに受けられる控除のことです。所得税では扶養している親族一人あたり38万円を、住民税では33万円を所得から控除できます（扶養親族の年齢により若干の上乗せがあります）。

38万円の所得控除というとけっこう大きいです。
所得税率が10%の人の場合は、扶養控除額一人につき3万8千円の節税になります。これに住民税の分が加わりますので、合計7万1千円の節税になります。所得税率20%の人ならば、11万円程度の節税になります。

Q 私は親と別居していますが、大丈夫ですか？

A 一定の要件を満たしていれば、別居していても大丈夫です。

世間では、扶養控除というと「同居している家族のみが対象になる」と思っている人も多いようですが、実はそうではないのです。

離れて暮らしていても、一定の要件を満たしていれば扶養家族とすることができます。
というのも扶養控除には、わざわざ「同居老親等」という特別枠が設けられています。
「同居老親等」というのは、70歳以上の親と同居している場合は、普通の扶養控除よりも20万円上乗せの扶養控除を認める、という制度です。

「扶養控除では同居老親等に上乗せ額がある」ということは、逆にいえば別居していても扶養に入れることができるということでもあります。

別居している親を自分の扶養に入れている人はいくらでもいるし、税務署がそれをとがめることもほとんどありません。

というより、税務署員自体が、この扶養控除を最大限に活用しています。

税務署員の周囲に、誰の扶養にも入っていない親族がいれば、自分の扶養に入れてしまっているケースは非常に多いのです。

一定の要件というのは、

・扶養する相手の所得が基礎控除額以下であること
・扶養していること
・生計を一にしていること

です。

Q 「扶養する相手の所得が基礎控除額以下であること」とはどういうことですか？

A 所得税には38万円の基礎控除というものがあります。この基礎控除額以下であれば、所得税はかかりません。この所得税がかからない相手であれば扶養することができます。

Q 私の親は年金収入がおそらく38万円以上あるので、扶養には入れられないようです。

A 年金収入があっても、税法上の定義で扶養控除に入れられるケースも多々あります。公的年金の場合、公的年金自体に大きな控除があるのです。この控除額以内の年金収入であれば、所得はゼロということになるのです。

この公的年金収入の控除額は最大で、65歳以上の人であれば１２０万円、65歳未満の方の場合は、70万円です。

これに基礎控除が加わりますので、65歳以上の人は、公的年金収入が１５８万円まで、65歳未満の人は１０８万円までは所得ゼロということになるのです。

また両親のうち、どちらかは死去して、遺族年金をもらっている場合、遺族年金は税法上の所得としてはカウントされませんので、遺族年金はいくらもらっていても、無収入ということになるのです。父親が先に亡くなって、母親は遺族年金で暮らしている、というようなケースは、よくありますが、この場合も、扶養控除に入れられる可能性があります。

そして所得ゼロであれば、扶養に入れることができるのです。

Q 両親は合わせて250万円くらいの年金をもらっています。二人とも65歳以上です。扶養に入れられますか？

A 入れられる可能性はあります。

先ほど述べた公的年金での控除額は一人あたりの額です。

だから、ご両親、それぞれの公的年金収入が158万円以下であれば、扶養にいれることができるのです。

Q 「扶養していること」「生計を一にしていること」とはどういうことですか？

A 「扶養していること」「生計を一にしていること」というのは、税法上、具体的な定義はありません。「金銭的にいくら以上、援助していれば扶養していること」などという縛りはないのです。

だから、世間一般的に「面倒を見ている」「金銭関係の責任を持っている」ということであれば、扶養しているとしていいのです。

自分の両親が無収入で、誰の扶養にも入っていないのであれば、自分の扶養に入れて控除を受けることが可能なのです。

扶養対象者に多少の援助をしていて、いざというときに面倒を見なければならない立場であれば、十分に扶養控除に入れる資格はあるといえるのです。

たとえば、親は老人ホームに入っていて、入所料はほぼ年金で賄えるけれど、親のお金の管理はすべて自分が行い、年金で足りない分を補っている。そういう場合も、親を扶養に入れる資格は十分にあるといえます。

Q 私には弟がおり、そのほかの弟も親に少し仕送りをしているようです。この場合、弟も親を扶養に入れることができるのですか？

A できません。

一人の被扶養者に対して、扶養控除を使えるのは一人だけです。だから、このケースの場合も、扶養控除を使えるのは兄弟のうちの誰か一人だけ、ということになります。

弟さんと話し合い、どちらが親の金銭の責任を持ち、扶養控除に入れるかを決めてください。

姪の学費を出している

【対 象】
あらゆる人

Q 私には妹がおり、離婚して娘二人を育てています。

今度、上の娘（私の姪）が大学に進学することになりました。私はかねて、この姪に「大学に受かれば学費は出してやる」という約束をしており、学費を出すことになります。この学費は、経費で落とすことはできませんか？

A 事業の経費で落とすことは難しいですが、個人の所得税の所得控除を受けられる可能性はあります。

一定の条件をクリアすれば、あなたの姪をあなたの扶養控除に入れることができるのです。

Q 一定の条件とは何ですか？

A 先ほど親の扶養のところでも述べましたように、
・扶養する相手の所得が基礎控除額以下であること
・扶養していること
・生計を一にしていること
です。

姪自身についても、経済的な面倒を見ているのであれば、「扶養していること」になりえます。

詳しくは192ページを参照してください。

Q 親でも子でもなく姪ですが大丈夫ですか？

A 大丈夫です。

扶養控除に入れられる家族というのは、実はけっこう広い範囲なのです。

税法では6親等以内の血族もしくは3親等以内の姻族ということになっています。

6親等以内の血族ということは、自分の親族であれば従兄弟の子供や、祖父母の兄弟でも扶養に入れることができるのです。また、3親等以内の姻族ということは、妻の叔父叔母でも入れることができるのです。

だから姪の場合は、余裕で入れることができるのです。

ただし姪の方の場合は、母親（つまりあなたの妹）が扶養に入れていれば、あなたは扶養に入れることはできません。

寡婦の場合は特別な所得控除があり、扶養に入れていないケースや、扶養からはずしても影響がないケースもあります。姪が、妹さんの扶養に入っているかどうか、妹さんに確認してみてください。

台風で家の修繕費用がかかりました

【対　象】 あらゆる人

Q 今年の台風で家の倉庫が水浸しになったり、塀が壊れるなどの被害がありました。この修繕費用は事業の経費で落とせますか?

A 被害にあったところが、事業に関係するところ（事業で使用していた建物）などであれば、事業の経費から出すことができます。これは、修繕費ということになります。詳しくは166ページを参照してください。

被害にあったところが事業に関係しない場合は、個人の所得税の雑損控除を受けることができます。

Q 雑損控除とは何ですか?

A 雑損控除とは、災害、盗難、横領により自分や扶養親族（所得金額38万円以下）の所有する生活用資産について損失が生じた場合には、一定の金額をその年の所得金額から控除できるというものです。

おおまかにいえば、自然災害や盗難などで、所得の10分の1以上の被害があれば、それを超えた分を雑損控除とできるのです。

たとえば、所得３００万円の人が盗難で50万円の被害にあったとします。

50万円 － 30万円 ＝ 20万円

つまり、20万円が雑損控除として課税対象から差し引けるのです。

ただ雑損控除の計算は、もう少し複雑な過程があり左図のように算出されます。

つまりは、被害額が所得の10分の1以上か、災害関連支出が5万円以上かということです。災害関連支出というのは、被害を受けた資産などを修繕する費用などです。盗難などの場合は、修繕費用が発生するようなことはないので、必然的に❶での計算となります。

雑損控除の計算方法

❶損失金額－所得金額の10分の1

❷損失金額のうち災害関連支出－5万円
（原状回復のための修繕費など）

❶❷のうち多い方の金額が、雑損控除の額

（注１）損失金額とは損失の金額から保険金などによって補塡される金額を控除した金額です。
（注２）所得金額とは給与所得者の場合、源泉徴収票の給与所得控除後の金額の欄に記載してある金額のことです。なお所得金額の10分の1とは、この金額以下の損失は認めないということです。

また自然災害で資産が損害を受けた場合は、❶と❷の二つの計算をして、どちらか多い方を採ることができます。

ただし、ここで気を付けなくてはならないのが、雑損控除の対象となるのは「原状回復のための修繕費」ということです。新たに価値が生じるような支出は認められない、ということです。たとえば、家が壊れたので、いっそリフォームしようということになったような場合、リフォーム費用の全部が雑損控除の対象にはならないということです。雑損控除の対象になるのは、あくまで元に戻すために費用ということです。

Q 被害を受けて修繕するまで時間がかかった場合も、大丈夫ですか?

A 自然災害などの修繕費用は、災害の日から1年以内に支出したものでなければなりません（災害の状況などでやむを得ない事情があれば3年以内までOK）。

雑損控除の場合、損失額が大きくて、その年の所得金額から控除しきれない場合には、申告を要件に翌年以後3年間の繰越控除が認められています。だから、台風、地震などの災害にあった場合、その年だけでなく、3年分の税金が安くなるのです。

Q **雑損控除は自然災害のほかにどういうものが対象になりますか？**

A 災害のほかに雑損控除の対象となるのは、盗難、横領による損失です。

Q **車が水没したような場合も対象になりますか？**

A なります。

対象となる資産は、生活に通常必要な資産です。

主として居住用家屋や家財、その他生活の用に供している動産です。自動車も生活に使っているものであれば、これに該当します。

ただし、損害保険に加入していて保険金が下りたような場合は、損害金額からその保険金を差し引かなくてはなりません。

Q **雑損控除の対象にならないものは何ですか？**

A 別荘や競走馬など、趣味や娯楽のために持っている動産や不動産、1個あたりの価額が30万円を超える貴金属や書画、骨董品などは、対象になりません。

Q **盗難も雑損控除の対象になるそうですが、紛失や落とし物は対象になりますか？**

A 残念ながら、紛失や落とし物は雑損控除の対象になりません。紛失や落とし物は、自分の責任という面が大きいですし、紛失、落とし物まで範囲を広げると、「財布を無くした」と嘘の申告をして税金を安くするというような人が必ず現れますので。

シロアリやスズメバチの駆除をしました

【対　象】あらゆる人

Q 今年の夏、庭にスズメバチが発生し、業者に頼んで駆除をしてもらいました。これも雑損控除の対象になりますか？

A なります。

あまり知られていませんが、シロアリ、スズメバチなどの害虫を駆除した場合も、雑損控除の対象になります。

Q シロアリ、スズメバチなど昆虫以外の駆除は対象にならないのですか？

たとえば、ネズミやイノシシなどです。

A 基本的に「自然（動物を含む）による災害」であれば、すべて対象になります。そのため、ネズミ、イノシシに被害を受けていて、5万円以上のお金をかけて駆除したような場合も対象になります。

社員の生命保険料を会社が出す場合

【対　象】
会社全般

Q わが社では、社員の生命保険料を会社から出そうと思っています。
その場合、会社の経費で落とせるのでしょうか？

A 落とせます。

Q その場合、社員の給料扱いにはならないのでしょうか？

A 一定の条件をクリアしていれば、社員の給料扱いになりません。
条件というのは次の二つです。

・保険金の受取人は会社にしておかなければなりません。

・一部の社員のみを対象にするのではなく、全社員に生命保険を同じ条件でかけなければなりません。

Q **会社が生命保険の受取人になっていれば、社員にとってはまったく恩恵はなくなりますが……。**

A 受取人が会社になっていれば、生命保険の意味がないように思われるかもしれませんが、やり方によっては、社員が普通に生命保険に入るのと同様のメリットがあるのです。

就業規約などで、社員が死亡したときは会社から保険金相当の弔慰金を払うように定めておけばいいのです。また病気で入院したときも、会社からお金を払うように決めておけばいいのです。

そして、弔慰金は退職金扱いになり、税金は非常に低くなります。だから、受取人を会社の名義にしていても、会社から生命保険に入った方が、社員にとって恩恵が大きいのです。

経営者の生命保険料を会社が出す場合

【対　象】
会社全般

Q 経営者の生命保険を会社から掛けようと考えています。この場合、保険料を会社の経費で落とすことはできますか？

A 原則としては落とせます。

しかし生命保険の場合、契約関係によって、「会社の経費で普通に落とせる」「会社の経費で落とせるが経営者への給料扱いになる」「資産に計上する」などに分かれます。

会社が、役員などにこの生命保険をかけた場合は、経理処理は次のページのようになります。

生命保険の経理処理例

	死亡保険受取人	生存保険受取人	経理処理
パターン1	会社	会社	全額資産に計上
パターン2	被保険者もしくはその遺族	被保険者もしくはその遺族	全額損金に計上。ただし被保険者の給与として扱う
パターン3	被保険者の遺族	会社	2分の1を資産に計上し、残額は期間の経過に応じて損金に計上

個人事業者の生命保険の掛け金

【対　象】
あらゆる人

Q 私は個人事業で雑貨店を経営していますが、自分にもしものことがあれば、いろんなところに迷惑がかかるために、生命保険をかけています。
この生命保険の掛け金は事業の経費で落とすことはできますか？

A 個人事業者の場合、残念ながら、生命保険の掛け金を事業の経費で落とすことはできません。

しかし確定申告の所得控除を受けることができます。
所得控除の額については、次のページの表のとおりです。
またこの所得控除は個人事業者だけではなく、サラリーマン、会社経営者など、すべての方が受けられます。

所得税の生命保険料控除額の計算方法
（個人年金、介護年金も同じ）

年間の支払保険料の合計	控除額
2万円以下	支払保険料全額
2万円を超え４万円以下	支払金額÷2＋1万円
４万円を超え８万円以下	支払金額÷4＋2万円
８万円超	４万円

住民税の生命保険料控除額の計算方法
（個人年金、介護医療保険も同じ）

年間払込保険料	保険料控除額
～ 1万2,000円以下	支払保険料全額
1万2,000円を超え3万2,000円以下	支払保険料÷2＋6,000円
3万2,000円を超え5万6,000円以下	支払保険料÷4＋1万4,000円
5万6,000円超	2万8,000円

大村大次郎（おおむら・おおじろう）
1960年生まれ。大阪府出身。元国税調査官。国税局、税務署で主に法人税担当調査官として10年間勤務後、経営コンサルタント、フリーライターとなる。難しい税金問題をわかりやすく解説。執筆活動のほか、ラジオ出演、「マルサ!! 東京国税局査察部」（フジテレビ系列）、「ナサケの女〜国税局査察官〜」（テレビ朝日系列）などの監修も務める。主な著書に『あらゆる領収書は経費で落とせる』（中公新書ラクレ）、『お金の流れでわかる日米関係』（KADOKAWA）、『フリーランス＆個人事業主 確定申告でお金を残す! 元国税調査官のウラ技』（技術評論社）、『ズバリ回答! どんな領収書でも経費で落とす方法』（宝島社）など。

●本書で掲載されている情報は2019年12月現在の情報となっています。制度は予告なしに変更・廃止になりますので、詳しくは国税庁や関係機関などでご確認ください。

装丁：杉本欣右
本文デザイン&DTP：川瀬 誠

こんなモノまで！
領収書をストンと経費で落とす抜け道
2020年 1 月 3 日　第1刷発行
2023年 1 月25日　第4刷発行

著者　大村大次郎
発行人　蓮見清一
発行所　株式会社宝島社
〒102-8388　東京都千代田区一番町25番地
電話（営業）03-3234-4621
（編集）03-3239-0928
https://tkj.jp

印刷・製本　サンケイ総合印刷株式会社

ISBN 978-4-299-00054-5